瓦當彙編

右任

國家圖書館出版品預行編目資料

瓦當彙編 / 錢君匋,張星逸,許明龍編. --初版. --臺北市:文史哲, 民 104.07
179 頁 21 公分.
ISBN 978-957-547-088-3 (平裝)

922 80004292

瓦當彙編

編　　者：錢君匋　張星逸　許明龍
出版者：文史哲出版社
http:// www.lapen.com.tw
e-mail：lapen@ms74.hinet.net
lapentw@gmail..com
登記證字號：行政院新聞局版臺業字五三三七號
發行人：彭正雄
發行所：文史哲出版社
印刷者：文史哲出版社
臺北市羅斯福路一段七十二巷四號
郵政劃撥帳號：一六一八〇一七五
電話886-2-23511028 · 傳真886-2-23965656

定價新臺幣三〇〇元

一九九一年（民八〇）七月初版
二〇一五年（民一〇四）七月初版二刷

ISBN 978-957-547-088-3 95001

出版説明

瓦當是我國古代建築的組成部分，早在周朝就有燒製。瓦當即筒瓦之頭，又稱瓦頭。形式有兩種，一種爲半瓦當，一種爲圓瓦當，戰國多半瓦當，秦漢則多圓瓦當。瓦當上印有鳥獸紋、圖案紋和文字，都有極高的藝術價値，形象生動詭異，紋飾樸素大方，文字隨勢變化，眞可作百世楷模。《瓦當敍錄》一文對瓦當的演變和藝術性作了分析研究，凡字當均有釋文，對研究瓦當藝術的讀者來說甚有幫助。唯感不足的是本書收錄近七百個瓦當中翻刻的居多數，原拓較少，自不免有失眞的地方，然仍不失爲一本有價値的通俗瓦當參考資料。

民國八十年十一月

序

丙寅（一九二六）春以事過秦，於碑林市得筒瓦拓本數十。深喜圖形範制，古樸精美；畫像如：靑龍、白虎、渦雲、動植，莫不生動有致。文字如：《永受嘉福》之鳥篆蟲書，《長樂萬歲》等變化萬千，洵極秦漢篆隸之奇；宜漢儒譽爲璧庋，淸人珍同和璞也。此後銳意收求，凡得六百餘件。

歲戊午（一九七八）星逸學長蒞舍見貽瓦當數十件，因出舊藏，相與賞玩，深慨我國瓦當刻本之貧乏，環顧海外瓦當文集亦未逾百，星逸奮起以敍錄匯編爲請，越年又介秀水許明農同志舊藏數百，裒聚排比，汰其重出，與未可確信者，定稿七百，編爲一冊，謹作『四化』文化建設之曝獻，以揚祖國先進文物之光輝。惟緣秦漢瓦當，年久代湮，著聞名當，幸存於前人圖錄者，亦不多覯，茲爲求全匯編，故偶或採輯一二以爲塡補，此情此意，幸請中外博雅者原宥而有以辱教爲幸。

庚申冬十月，桐鄉錢君匋序于抱華精舍，時年七十有五。

瓦當敍錄

張星逸撰

一、瓦當考源

我國是地球上開化最早的文明古國之一，所以宮殿建築在殷商時代（公元前一七六六——一一二二）已很講究。《詩經．商頌．殷武》篇云：『松桷有梴』（松木的椽子挺直），『旅楹有閑』（眾多的柱子很大），『寢成孔安』（寢廟造好了，高宗的神靈住得很安適）。不過屋面是否用瓦，詩裏沒有明確交代。但憑我們的想像，決不能相信傳統說法是茅茨（屋上用茅葦鋪蓋）的吧。根據一九七六年六月六日周原考古辦公室的《簡報》說：『最近于扶風縣法門公社召陳村發掘出來的西周晚期大型建築群遺址的建築，多係四坡，屋頂全部施以板瓦和筒瓦，所用瓦材達十多種，都帶有釘或環，用以固定瓦的位置。有的筒瓦上還具有較繁複的黼黻紋。』憑這節報道，結合《呂氏春秋．君守》篇的『昆吾作陶』句來推測，不僅殷商已有用瓦的可能，上推夏桀時代，早已發明陶瓦的了。因爲昆吾是夏桀時代的同盟部落名。作陶，就是製造瓦缶類的陶器。昆吾的陶器，在周代還是很負盛名，連陶壺也被稱爲昆吾的（註一）。所以《詩經．殷武》篇頌美寢宮建築如此之美，屋上覆蓋用瓦是不消說的了。

《簡報》中所謂板瓦與筒瓦，曾見清代日本刊印的《秦漢瓦當圖》益城松崎先生的序引有精當的說明道：『凡瓦蒙（蓋在）屋脊，曰甍（音萌méng），屋脊棟（梁）也。鎮棟兩端（壓在棟梁的兩頭），曰獸瓦，又名鴟吻。彎中而仰覆其屋，曰板瓦。覆板瓦而下，曰筩（音桶Tǒng）瓦。又寫作甋。甋之垂檐際而一端圜形有文者，曰瓦當。當者，當檐頭也。』這對瓦名區別解說講得比較具體。因此清阮元贊許他說：『足補《說文》之遺。』文中所謂板瓦，今稱本瓦。也可稱它爲底瓦。民房用以上覆，就稱面瓦。那筒瓦是秦漢時爲了『宮殿務求壯麗』（註二）的要求，才把覆蓋的面瓦改爲圓形的筒瓦。又把檐前下垂的瓦頭，仿照璧般的加以紋飾，範制捲雲、樹、木、鳥獸、四靈等圖案。後來又運用文字，取得裝飾、應用兩者兼善的效果。所以瓦當的發明，在秦漢工藝美術建築史上可說已是登峰造極的了。更因魏、晉、六朝以後，我國文藝全面開花，微不足道的宮瓦，已不爲人所注目，並不甘心在瓦頭上再下功夫，因而終止了它的進展，甚至衰退。秦漢瓦當的文字紋飾，顯出它獨特的結構，成爲現代金石書法工藝美術的典範，被珍爲藝林的瑰寶。

關於這些宮瓦的出土地域，就我國歷年發掘所得的資料大體說，秦代的多在咸陽、鳳翔等處，漢代的多在長安，而又遍及山東、河南、河北、遼寧、甘肅等縣市。現據歷代文獻和近代的考古報導的瓦當出土地區，表誌如下：

省別	市　縣
陝西	長安（漢都，今稱西安）、咸陽（秦都）、鄠縣、郿縣、興平、扶風、寶鷄、南鄭、韓城、鳳翔、隴縣、寧强、臨潼、華陰、藍田、淳化、大荔。
山東	歷城、臨淄（齊城）、曲阜（魯城）、諸城、東萊、掖縣、即墨、鄒縣、滕縣、穆陵（齊城）。
河南	洛陽（王城）、新安、靈寶。
河北	邯鄲（趙城）、懷柔、易縣（燕城）。
遼寧	瀋陽
甘肅	天水

四川　重慶
青海　海晏
山西　萬泉、洪洞、侯馬（晉城）。
福建　崇安
廣東　廣州
江蘇　贛榆
內蒙　包頭、呼和浩特。

其他在國外出土的，都是漢後產品。如蘇聯貝加爾湖出土的『天子千秋萬歲』、『常樂未央』等瓦，當爲王莽時所製。朝鮮樂浪郡故址出土的『大晉元康』瓦，更顯然非漢品的了。

瓦當自魏晉以後，因佛教興盛的影響，從六朝以至唐宋，普遍地流行蓮花紋飾。唐代一般都是蓮花紋的，偶有作雲龍紋的。文字瓦只三四種，如『長安寶慶』等。早期的蓮花形狀略尖，唐代較寬肥，北宋蓮花紋小而尖，遼、金時又出現獸面紋。沿用到清代成爲瓦當的主要紋飾，通稱貓頭瓦。清代文字瓦，建都南京的太平天國，曾用楷書製『太平天國』四字瓦，形式作扇面形，四周配用雲紋，在浙江金華方山嶺村屋出土，云係侍王李世賢府第用瓦。分存嘉興市博物館。

但是這些瓦當製造粗劣，眞的不及秦漢遠甚，即就一九七五年內蒙石子灣北魏古城出土的瓦當寫眞拓本來說，蓮花紋和獸面紋圖案的庸俗；文字瓦當『富貴萬歲』的非隸非楷，四字小大不勻，簡寫訛妄。例如富作　，歲作　（註三），正是孩兒新體，老粗試筆，怎夠得上美術的品評而有欣賞的價值呢？那不過承前啓後，綿延瓦當的源流罷了。

二、瓦當名說

『瓦當』，是指秦漢宮瓦、檐頭瓦的一個專門名詞。最初見於著述的概稱宮瓦。宋李好文《長安圖志》稱爲瓦頭。清代乾隆時期（公元一七三六——一七九五），秦漢宮引起了金文學家的注意，開創了研究之風，才確定了『瓦當』的定名。宮瓦爲什麼名當呢？因爲這些宮瓦瓦頭的銘文，很多稱當。例如：『蘭池宮當』、『馬氏殿當』、『宗正官當』、『萬歲冢當』等；同時也有稱瓦的，例如：『長水屯瓦』、『都司空瓦』；更有複合爲『甇』字的，清畢沅《關中金石記》曾載『長陵東甇』四字瓦。所以清人拼合『瓦當』一詞也可說是一個複合名詞。

但是秦漢宮瓦，把瓦頭既名『瓦』，又名『當』，那究竟是什麼涵義呢？有人引《韓非子·外儲右上》云：『玉卮通而無當』句，注『當』底也。我們認爲瓦當是覆蓋衆瓦上面，向外懸垂滴水的檐頭瓦。稱它『瓦頭』，尙合事理，怎說是瓦底呢?或有引《說文解字》云：『當，田相値也……衆瓦節比於檐端，瓦瓦相値（接），故名爲當。』那末瓦瓦相接，都該稱當，難道當可作爲瓦的代詞嗎?又有人把當作抵當義，而云抵當衆瓦，不致滑下，故稱爲當（註四）。試看民間一般瓦房，很多沒有瓦當裝置的，衆瓦斜鋪直下，未聞滑下；此解也難成立。更有因發現山東濰縣高氏傳藏的麃（音標biao）氏冢筩，而云：『筩，《說文》：斷竹也。以其形似竹筒，故名筩。筩、當音近，訛轉爲當。』此說又只能作爲瓦筒的釋義。筩當音近的訛轉，也頗勉强。總之，衆說紛紜，恐怕都非秦漢命名爲當的本義。

我們上追古寫，瓦當的當，在漢賦裏都寫作璫。《文選》班固《西都賦》：『裁金碧以飾璫。』漢韋昭注：『裁金碧以爲榱（音催cui）頭。』《說文》：『榱，椽也。周名椽，秦名屋椽。』據此注解，璫即榱頭，也就是椽頭。清焦循更精密地加注道：『榱之抵檐處曰榱題。覆以瓦，雨自此下漏。』這解說又才正確地說明了瓦當的位置和作用。司馬相如《游獵賦》云：『離宮別館……華榱璧璫。』更分清了椽、璫不同的形象。他的措詞，是說椽子是描花（華）的，瓦當是像璧玉般的。所以，漢韋昭又注說：『裁玉爲璧以當榱頭。』（註五）細味所注，欠通事理。縱使封建王朝窮極奢華，也未必會拿珍貴的璧玉來裝飾檐頭；事實秦漢瓦當發掘至今，只是陶品，而沒有璧玉。因此相如賦的稱爲璧璫，正是形容這些瓦頭具有精美如璧般的文飾。我們觀察今傳諸家的《瓦當圖錄》，無論圖案或文字的設計，都有模仿璧玉的迹象。最顯著的，璧的中心有好孔（璧玉的中孔曰好，四周稱肉）。瓦當中心，也都布置著圓圈或圓形的字或凸起的圓塊，其他乳釘圖案，如：朱雀瓦、虎形瓦，以及億年無疆瓦等，都是脫不了璧的風格。因此璧璫一詞，也許可說是瓦當最原始的名詞。按：『璫』，《說文》飾也。婦人耳飾，古稱耳璫。後漢宦官（明、淸稱太監）用金銀貂蟬做冠帽的飾品，當時稱爲『貂璫』。後來便把璫作爲太監的代詞。明代奸惡的魏忠賢，世稱魏璫。因此秦漢璧璫的略稱爲璫，而簡作當。正也是同樣地省略，成爲習慣的簡稱。今稱瓦當，義爲瓦飾，卻也名符其實。

三、瓦當著錄

秦漢宮瓦，直到北宋，始見歐陽修《硯譜》有『羽陽宮瓦』十數枚的傳錄，和王闢之《澠水燕談錄》，記寶鷄縣民權氏濬池得『羽陽千歲』瓦事。南宋無名氏《續考古圖》卷一，摹寫漢『益延壽』、『宮立石苑』、『長樂未央』與『羽陽千歲』四瓦的文字。這恐是瓦當摹拓最早的文獻。元李好文《長安圖志》錄示『長樂未央』、『長生無極』、『漢并天下』、『儲胥未央』、『萬壽無疆』、『永奉無疆』、『上林』等七瓦。當時這些著錄，只是博古地好奇志異罷了，所以繼踵寂然。直至清初，閩人林佶於漢甘泉宮舊址（今陝西省淳化縣）得一完整的『長樂未央』瓦。一時知名人士，相互題詩傳頌，引起了人們對秦漢宮瓦的注意。乾隆初，武林朱楓得閩中漢瓦三十枚，著錄《秦漢瓦當圖記》（乾隆二十四年刊），才確定了複稱瓦當的專名，奠定了瓦當文字的地位，進一步啓示人們對瓦當文字研究與鑒別。陽湖孫星衍、畢沅，青浦王昶等聞風響應，競相搜訪，極一時之盛。繼朱楓著錄的，以程敦所撰的《秦漢瓦當文字》最爲豐富，上下二卷，續一卷，先後刻印於乾隆五十二年，五十九年，收錄瓦當一百三十九枚，異文達五十五種，摹刻相當精美，據他致友人孫淵如信中說：

『此書瓦文，始用棗木摹刻，較諸原字，終有差池，後以漢人鑄印翻沙之法，取本瓦爲範，熔錫成之，獨「長毋相忘」、「有萬憙」二瓦，猶爲仿本。他日尚睹眞文，當更鑄之。』

後來如吳大澂、端方等都癖愛摩挲，採訪收藏，交換拓本。清末吳隱的《遁庵瓦當存》（宣統二年刊）所集拓本，流布最廣。羅振玉的《秦漢瓦當文字》五卷（民國三年刊）的匯刻，可說是清代研究瓦當的總結。他是用木刻傳摹原拓的面貌，雖然沒有加以考證，但在目錄裏添注出處和收藏者。羅氏另有《俑盧日札》，敍述瓦當解說。兩書對照，足知概略。清代瓦當研究的著錄，除上述外，尚有錢亦軒《半宮瓦當文考》一卷，錢坫《漢瓦圖錄》四卷（鈔本），王僊洲《古瓦繪圖》（鈔本），王襄《簠室古箭》等，並有列入金石文字的編纂中的，如：王昶《金石萃編》、馮雲鵬《金石索》、翁方綱《兩漢金石記》、陸增祥《八瓊室金石補正》、陳抱之《求古精舍金石圖》、陳直《關中秦漢陶錄》等，對瓦當的文字研究，是有不可磨滅的功績的。

十九世紀以來，中外研究中國金文學家，對瓦當文字的收輯著錄，更加不遺餘力，日本一九六〇年新版的《漢瓦當文集》，據伏見冲敏的敍說云：

『以藏瓦著名的大倉集古館不幸遭逢關東大地震損失了，現在資料的仰求，依賴書道博物館和各大學研究所的集藏。雖然得不到原品的鑒識，我們所選的拓片和照片，力避以前存疑而可挑剔的東西。這文集比過去刻印的自信是相當精選的了。』

的確，我們拜讀了《漢瓦當文集》，雖只八十四枚拓片，八枚照片，較之先前的《書道全集》瓦部所輯印的已大大豐富提高，可以說和我國一九六四年陝西省博物館出版的《秦漢瓦當》所輯的秦瓦四十枚、漢瓦九十五枚互相輝映的了。但就金石文字研究的角度來說，從清末到現在，瓦當的出版一直滯留在百數枚左右，總覺遺憾而難於滿足探討者的願望！我們合力輯聚藏瓦，重新匯編，類分三編，編次是：

甲、畫當：一、戰國畫當，二、秦畫當，三、漢畫當。乙、字當：一、宮殿，二、官署，三、祠墓，四、吉語，五、紀事，六、其他。丙、附錄：一、瓦筒，二、板瓦，三、瓦滴。

全書共收瓦當約七百枚，其中重文的約四百餘枚。

四、瓦當文字

瓦當紋飾採用文字，秦惠公（公元前三九九）起造祈年宮，在瓦當上銘刻『年宮』的篆文，恐是最初的創造吧？

瓦當文字的排列，限於十六、七厘米的圓形面積上，雖有少至一字多至十二字的圖例；大率總以四字最爲適合我國方體字筆劃字形的設計，容易達到美化表現的效果。所以，就我們歷年輯存的匯編看來：以字數計，一字瓦約有：『年』、『宮』、『豐』、『樂』等三十四件。二字瓦有『上林』、『甘泉』等五十九件。三字瓦僅有『益延壽』、『左司空』等十件。四字瓦宮當『蘭池宮當』等百餘件。吉語『千秋萬歲』等五十九件。五字瓦只有『八風壽存當』等十四件。六字瓦又只四件。七字瓦八件。八字瓦十二件。九字瓦六件。十字瓦兩件。十一字瓦缺。十二字瓦兩件。總計三百餘件。這些或多或少的銘文布局，都顯得圓轉自如，極盡篆隸鉤勒的奇致，使人感到三千年前的古代工藝美術，深得匠心獨運的變化，宜爲後人珍爲書苑妙品。

不過這些瓦當文字的表現，由於鳥篆蟲書、線條屈曲，與圓形圖案不規則的美化處理，很有離奇難辨，使人懸疑莫解的。因此清羅振玉《秦漢瓦當文字》，開卷首列不解的四字瓦，名爲奇字瓦。即如相傳的『永受嘉福』四字瓦（參看圖錄），清程敦最初辨識爲『迎風嘉祥』，又釋爲『叔風嘉祥』，終爲鄭耘門先生辨證爲『永受嘉福』，才稱允當（並見程敦《秦漢瓦當文字》）。更有出自工匠們自由範製的銘文，左旋右旋全無定律，甚而顛倒缺筆，不一而足。例如『大萬樂當』四字瓦，若按常例右旋讀，應爲『樂當大萬』，因此日本書迹名品《漢瓦當文集

》誤題『治冢宮當』瓦爲『治冢當宮』。那也無怪其然啊！其他如『富貴萬歲』四字瓦，『萬』字變寫作□，假定單字摹刻，誰能辨識呢？又如陳直教授《關中秦漢陶錄》，把『冢上西當』識別爲『西延冢當』，又斷爲『冢上瓦當』，認爲是瓦當最原始的命名（見文物一九六三年十一期）。其實秦瓦漢當，發掘至今，從未有當瓦二字疊用的銘文。並且此瓦的□字，依字形論，很像《金文編》一二·二西字部的□禹鼎□簋散幣，疑爲西字。按文句論，『冢上西當』，有漢瓦『長陵東當』，足資對稱的旁證。而解作冢西用瓦似較妥貼。故此瓦追擬爲秦漢最初的銘識瓦當，我們認爲還得商榷吧！因此瓦文字形的研究，尚待博雅專家訂正。至於秦瓦漢當的銘文，多數是凸出的陽文，陰文很稀見。而字體的起筆與收筆，方棱雄健，恰似漢隸的嚆矢。那也許是陶冶範製必然的影響吧。

關於這些秦瓦漢當文字的類別，歸納意義，大致可分四類：

甲：專用類，屬於宮殿、官署、陵墓以及私家的築造。

乙：紀念類，有紀事、紀年、私志三種。

丙：頌禱類，多屬統治階級或貴族們的夢想天長地久，永遠保持他們的安富尊榮的吉語。

丁、其他類，則爲存疑莫解的奇字瓦與殘字瓦。

這四類的文字探索，以後另外撰文出版。本文意在抛磚引玉，希望海內外愛好藏瓦的專家們給予多多的幫助和指教。

註解

註一：于邕《說文職墨》：昆吾即康瓠。《爾雅·釋器》康瓠條郭樸注：『康瓠：壺名，即昆吾。』

註二：《史紀·高祖本紀》：蕭何營作宮殿壯甚。曰：『天子以四海爲家，非壯麗無以重威。』

註三：見一九八〇年《文物》月刊第八期五十五頁。

註四：以上解說並見清程敦《秦漢瓦當文字》自敍，和日本二玄社《漢瓦當文集》，伏見冲敏氏解說。

註五：並見《漢書·司馬相如傳》注。

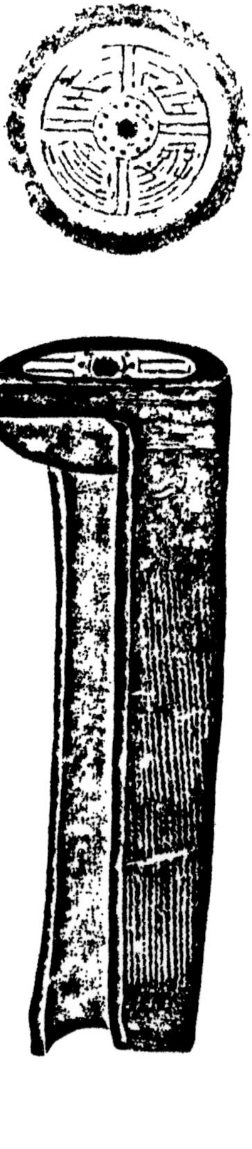

瓦當彙編　目次

二　秦畫當

三 漢畫當

一二六　雲葉紋

乙　字當

一　宮殿

一二七　維天降靈延元萬年天下康寧

一二八　維天降靈延元萬年天下康寧

一二九　維天降靈延元萬年天下康寧

一三〇　維天降靈延元萬年天下康寧

一三一　橐泉宮當

一三二　梁宮

一三三　年宮

一三四　宮

一三五　宮

一三六　宮

一三七　宮

一三八　當王天命

一三九　飛鴻延年

一四〇　飛鴻延年

一四一　飛鴻延年

一四二　益延壽宮

一四三　益延壽

一四四　益延壽

一四五　黃山

一四六　黃山

一四七　壽成

一四八　壽成

一四九　甘林

一五〇　甘林

一五一　甘林

一五二　甘泉上林

一五三　甘泉上林

一五四　永受嘉福

一五五　永受嘉福

一五六　與華無極

一五七　與華無極

一五八 與華無極
一五九 與華無極
一六〇 與華無極
一六一 石室朝神宮
一六二 石渠千秋
一六三 漢道光明
一六四 仁義自成
一六五 萬物咸成
一六六 狼干萬延
一六七 揜依中庭
一六八 便
一六九 八風壽存當
一七〇 崇蛹嵯峨
一七一 淮南
一七二 齊園宮當
一七三 齊一宮當
一七四 馬氏殿當
一七五 蘭池宮當
一七六 蘭池宮當
一七七 平樂宮阿
一七八 平樂宮阿
一七九 折鳳闕當
一八〇 羽陽臨渭
一八一 羽陽臨渭
一八二 羽陽萬歲
一八三 羽陽萬歲
一八四 羽陽千歲
一八五 羽陽千歲
一八六 羽陽千秋
一八七 羽陽千秋
一八八 羽陽千歲
一八九 羽陽千歲
一九〇 羽陽千歲
一九一 延年

一九二　延年
一九三　延年
一九四　延年
一九五　延年
一九六　延年
一九七　延年
一九八　上林
一九九　上林
二〇〇　上林
二〇一　上林
二〇二　上林
二〇三　上林
二〇四　上林
二〇五　上林
二〇六　上林
二〇七　上林
二〇八　上林
二〇九　與華相宜
二一〇　與華相宜
二一一　與華相宜
二一二　與華相宜
二一三　鼎胡延壽宮
二一四　鼎胡延壽宮
二一五　鼎胡延壽宮
二一六　鼎胡延壽宮
二一七　鼎胡延壽宮
二一八　鼎胡延壽保
二一九　鼎胡延壽保
二二〇　清涼有憙
二二一　仁義自成
二二二　方春蕃萌
二二三　萬物咸成
二二四　建章
二二五　湧泉混流

二二六 駘湯萬年
二二七 時序□□
二二八 便
二二九 八風壽存當
二三〇 八風壽存當
二三一 永保國阜
二三二 召陵宮當
二三三 治冢宮當
二三四 馬氏殿當

二 官署

二三五 宗正官當
二三六 宗正官當
二三七 都司空瓦
二三八 右空
二三九 右將
二四〇 大萬樂當
二四一 大萬樂當
二四二 華倉
二四三 五谷滿倉
二四四 六畜蕃息
二四五 雙鹿甲天下
二四六 佐弋
二四七 臨廷
二四八 京師庾當
二四九 關
二五〇 關
二五一 關
二五二 衞
二五三 衞
二五四 衞
二五五 大衡
二五六 金
二五七 都司空瓦
二五八 右空

二五九　右空
二六〇　右將
二六一　上林農官
二六二　上林農官
二六三　長水屯瓦
二六四　華倉
二六五　五谷滿倉
二六六　百萬石倉
二六七　船室
二六八　馬鹿甲天下
二六九　光𥅽吉宇
二七〇　屯澤流施
二七一　佐弋
二七二　斡篙不灊
二七三　嬰桃轉舍
二七四　樂浪禮官
二七五　官

二七六　關
二七七　關
二七八　關
二七九　衞
二八〇　衞
二八一　衞
二八二　衞
二八三　衞
二八四　衞
二八五　衞
二八六　衞
二八七　衞
二八八　衞
二八九　衞
二九〇　衞屯
二九一　□監□桑
二九二　太□

三　祠墓

二九三　高安萬世
二九四　高安萬世
二九五　長陵東當
二九六　長陵西神
二九七　天地相方與民世世永安中正
二九八　永奉無疆
二九九　永奉無疆
三〇〇　永奉無疆
三〇一　億年無疆
三〇二　億年無疆
三〇三　泰靈嘉神
三〇四　常陽穎月
三〇五　曲成之當
三〇六　長久樂哉冢
三〇七　萬歲冢當
三〇八　廌氏冢當
三〇九　馬氏萬年
三一〇　馬
三一一　嚴氏富貴
三一二　張是冢當
三一三　李
三一四　冢上
三一五　冢
三一六　墓
三一七　高安萬世
三一八　西廟
三一九　永奉無疆
三二〇　永奉無疆
三二一　永奉無疆
三二二　永奉無疆
三二三　永奉無疆
三二四　永奉無疆
三二五　泰靈嘉神

三二六 鮮神所食
三二七 □宣□靈
三二八 永承大靈
三二九 如氣始降
三三〇 孝大□□
三三一 □□后寢
三三二 道德順序
三三三 道德順序
三三四 成山
三三五 神零冢當
三三六 冢室當完
三三七 守祠堂當
三三八 守祠堂當
三三九 長久樂哉冢
三四〇 黄當萬歲
三四一 冢當萬歲
三四二 冢當萬歲
三四三 巨楊冢當
三四四 楊氏
三四五 馬氏萬年
三四六 嵬氏冢舍
三四七 并是富貴
三四八 殷氏冢當
三四九 冢上西當
三五〇 冢上大當
三五一 吕冢當
三五二 車
三五三 焦
三五四 酉
三五五 大
三五六 冢
三五七 鴟紋冢
三五八 壽

四 吉語

三五九 長樂未央
三六〇 長樂未央
三六一 長樂未央
三六二 長樂未央
三六三 長樂未央
三六四 長樂未央
三六五 長樂未央
三六六 長樂未央
三六七 長樂未央
三六八 長樂萬歲
三六九 長樂萬歲
三七〇 長樂萬歲
三七一 長樂未央延年永壽昌
三七二 長樂未央千秋萬世昌
三七三 千秋萬歲與地毋極
三七四 千秋萬歲餘未央
三七五 千秋利君長延壽

三七六 千秋萬歲
三七七 千秋萬歲
三七八 千秋萬歲
三七九 千秋萬歲
三八〇 千秋萬歲
三八一 千秋萬歲
三八二 千秋萬歲
三八三 千秋萬世
三八四 千秋萬世
三八五 千秋萬世
三八六 千秋長安
三八七 千秋利君
三八八 萬歲萬歲
三八九 萬歲萬歲（瓦範）
三九〇 千秋
三九一 萬歲
三九二 萬歲

三九三　萬歲
三九四　萬歲
三九五　千秋
三九六　萬秋
三九七　萬世
三九八　延壽萬歲常與天久長
三九九　延年益壽
四〇〇　延年益壽
四〇一　延壽長相思
四〇二　與天無極
四〇三　與天毋極
四〇四　與毋
四〇五　長生無極
四〇六　長生無極
四〇七　長生未央
四〇八　長生未央
四〇九　未央
四一〇　風紋長生未央
四一一　長生未央
四一二　長生未央
四一三　萬歲未央
四一四　萬歲未央
四一五　萬年未央
四一六　安樂未央
四一七　安樂未央
四一八　富昌未央
四一九　富貴萬歲
四二〇　富貴萬歲
四二一　長樂富貴
四二二　元大富貴
四二三　□富□樂
四二四　宜富貴當千金
四二五　大吉
四二六　大宜子孫

四二七　吉月照登
四二八　長毋相忘
四二九　有萬憙
四三〇　千萬世
四三一　長樂未央
四三二　長樂未央
四三三　長樂未央
四三四　長樂未央
四三五　長樂未央
四三六　長樂未央
四三七　長樂未央
四三八　長樂未央
四三九　長樂未央
四四〇　長樂未央
四四一　長樂未央
四四二　長樂未央
四四三　長樂未央

四四四　長樂未央
四四五　長樂未央
四四六　長樂未央
四四七　長樂未央
四四八　長樂未央
四四九　長樂未央
四五〇　長樂未央
四五一　長樂未央
四五二　長樂未央
四五三　長樂未央
四五四　長樂未央
四五五　長樂未央
四五六　長樂未央
四五七　長樂無極
四五八　長樂萬歲
四五九　長樂萬歲
四六〇　長樂萬歲

四六一　長樂萬歲
四六二　長樂未央金
四六三　長樂未央千秋萬世昌
四六四　長樂毋極常安居
四六五　千秋萬歲與天毋極
四六六　千秋萬歲安樂無極
四六七　千秋萬歲□□無極
四六八　千秋萬歲餘未央
四六九　千秋萬歲餘未央
四七〇　千秋萬歲樂未央
四七一　千秋萬歲安樂未央
四七二　千秋萬
四七三　秋萬歲樂
四七四　千萬歲為大年
四七五　千秋萬歲富貴
四七六　千秋萬歲
四七七　千秋萬歲
四七八　千秋萬歲
四七九　千秋萬歲
四八〇　千秋萬歲
四八一　千秋萬歲
四八二　千秋萬歲
四八三　千秋萬歲
四八四　萬歲
四八五　千秋萬歲
四八六　千秋萬歲
四八七　千秋萬世
四八八　千秋萬世
四八九　千秋萬世
四九〇　千利萬歲
四九一　千利萬歲
四九二　利歲
四九三　安世萬歲
四九四　萬歲

四九五　萬歲
四九六　萬歲
四九七　萬歲
四九八　萬歲
四九九　秋歲
五〇〇　萬歲（異文）
五〇一　萬歲
五〇二　萬歲
五〇三　萬歲
五〇四　萬歲
五〇五　萬歲
五〇六　千秋
五〇七　千秋
五〇八　千秋
五〇九　千萬
五一〇　千萬
五一一　千萬

五一二　安世
五一三　安世
五一四　安世
五一五　延壽萬歲常與天久長
五一六　延壽萬歲常與天久長
五一七　延年益壽
五一八　延年益壽
五一九　延年益壽
五二〇　延年益壽
五二一　延年益壽
五二二　延年益壽
五二三　延年益壽
五二四　延壽萬歲
五二五　延壽萬歲
五二六　延壽萬歲
五二七　延壽萬歲
五二八　延壽萬歲

五二九　延壽萬歲
五三〇　延壽千年
五三一　延壽長久
五三二　與天無極
五三三　與天無極
五三四　與天無極
五三五　與天無極
五三六　與天無極
五三七　與天無極
五三八　與天無極
五三九　與天無極
五四〇　與天無極
五四一　與天無極
五四二　與天無極
五四三　與天無極
五四四　與天無極
五四五　與天無極（瓦範）

五四六　與天毋極
五四七　與天毋極
五四八　與天毋極
五四九　與天毋極
五五〇　與天毋極
五五一　與天
五五二　無極
五五三　與天久長
五五四　與天久長
五五五　與地相長
五五六　萬歲無極
五五七　壽老無極
五五八　長生無極
五五九　長生無極
五六〇　長生無極
五六一　長生無極
五六二　長生無極

五六三　長生無極
五六四　長生無極
五六五　長生無極
五六六　長生無極
五六七　長生無極
五六八　長生無極
五六九　常生無極
五七〇　長生未央
五七一　長生未央
五七二　長生未央
五七三　長生未央
五七四　長生未央
五七五　長生未央
五七六　長生未央
五七七　長生未央
五七八　長生未央
五七九　長生未央

五八〇　長未
五八一　長生未央
五八二　長生未央
五八三　長生未央
五八四　長生未央
五八五　長生未央
五八六　長生未央
五八七　長生未央
五八八　長生未央
五八九　長生未央
五九〇　長生未央
五九一　長生未央
五九二　長生未央
五九三　長生未央
五九四　長生未央
五九五　長生未央
五九六　長生未央

五九七　長生未央
五九八　長生未央
五九九　長生未央
六〇〇　長生未央
六〇一　長生未央
六〇二　長生未央
六〇三　長生吉利
六〇四　萬歲未央
六〇五　萬歲未央
六〇六　萬歲未央
六〇七　永年未央
六〇八　安樂未央
六〇九　安樂未央
六一〇　昌利未央
六一一　富貴毋央
六一二　富貴萬歲
六一三　富貴萬歲
六一四　富貴萬歲
六一五　富貴萬歲
六一六　富貴萬歲
六一七　長樂富貴
六一八　長樂富貴
六一九　方春富貴
六二〇　宜昌富貴
六二一　億萬長富
六二二　富貴
六二三　富貴
六二四　宜侯王富貴昌飲酒
六二五　宜富貴
六二六　安樂富貴
六二七　大吉萬歲
六二八　大吉日利
六二九　大吉五五
六三〇　大吉富昌

六三一　大吉宜官
六三二　大吉宜□
六三三　大吉宜□
六三四　君宜矦王
六三五　君如高貴
六三六　永保子孫
六三七　宜錢金當
六三八　旣壽富考
六三九　后□萬□
六四〇　常

五　紀事

六四一　惟漢三年大并天下
六四二　漢并天下
六四三　漢并天下
六四四　漢并天下
六四五　安平樂未央
六四六　太平天國　（清）
六四七　漢并天下
六四八　漢并天下
六四九　漢兼天下
六五〇　漢兼天下
六五一　四年平安
六五二　永和六年壽昌萬萬歲
六五三　壽昌萬萬歲
六五四　永平十五年（存考）
六五五　單于和親
六五六　樂浪富貴
六五七　樂

六　其他

六五八　大秦龍興化牟古聖
六五九　盜瓦者死
六六〇　三字瓦
六六一　寶天
六六二　□陽萬□

六六三　東陽□□
六六四　□□蜀萊
六六五　□□□萬久富
六六六　鴛鴦紋
六六七　君子
六六八　薪世所作
六六九　工者所作
六七〇　玄鳳紋
六七一　彩鳳紋
六七二　鳳紋

丙　附錄

一　瓦筒

（一）　戰國畫筒

六七三　鳳璧玉葉紋
六七四　鳳璧玉葉紋
六七五　璧勝玉葉紋

（二）　秦字筒

六七六　中右

（三）　漢字筒

六七七　西神
六七八　建安三年造

二　板瓦

（一）　周字板瓦

六七九　右闟
六八〇　大水
六八一　左水
六八二　左宮巨佳
六八三　左司高瓦
六八四　右司空嬰

（二）　秦字板瓦

六八五　左禹
六八六　左胡
六八七　左巷
六八八　咸芮里喜

六八九　咸故倉均
六九〇　咸如邑頃
（三）漢字板瓦
六九一　始建國四年保城都司空
六九二　永三年
六九三　楊
三　瓦滴
（一）漢字滴
六九四　長樂未央
（二）清畫滴
六九五　圖案紋

甲　畫當

一　戰國畫當

一　饕餮紋

二　饕餮紋

三　饕餮紋

四　龍樹紋

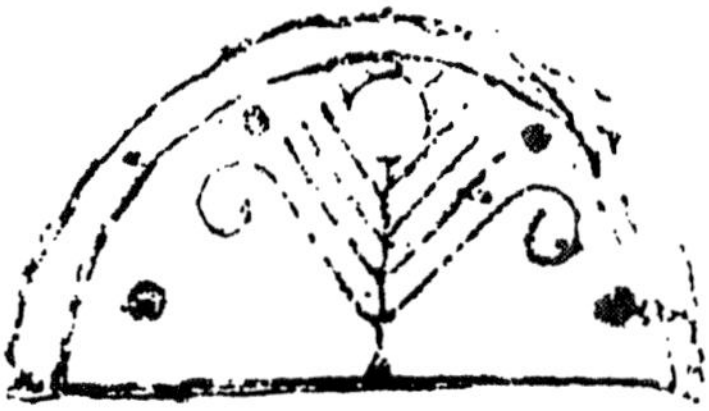

五　星樹紋

六　雲樹紋

七　雲樹紋

八　雲樹紋

九　雙馬樹鳥紋

一〇　雙馬樹鳥紋

一一　人樹鶴鹿紋

一二　人畜樹鳥紋

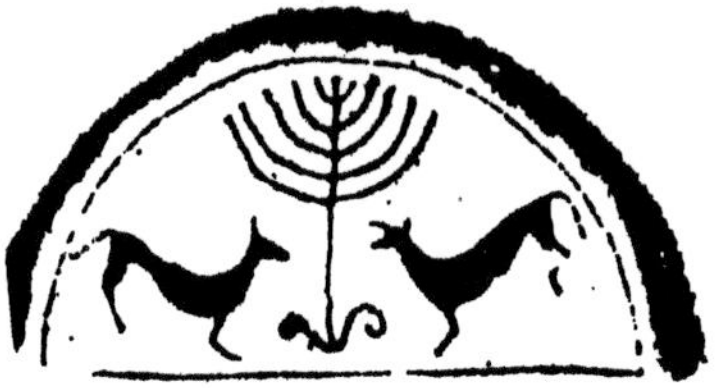

一三　雙畜雲樹紋

一四　雙畜雲樹紋

一五　雙畜雲樹紋

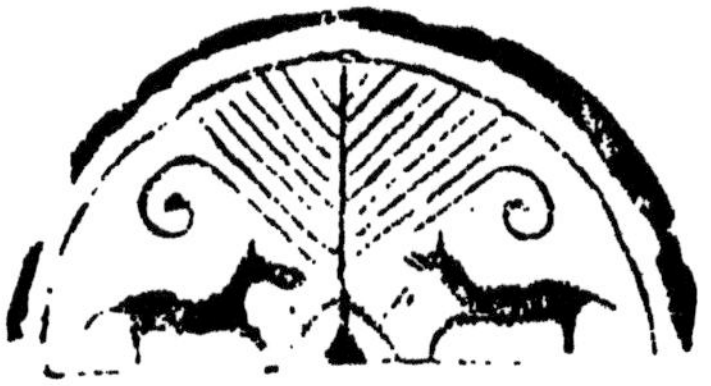

一六　雙畜雲樹紋

一七　龍紋

一八　雙麟紋

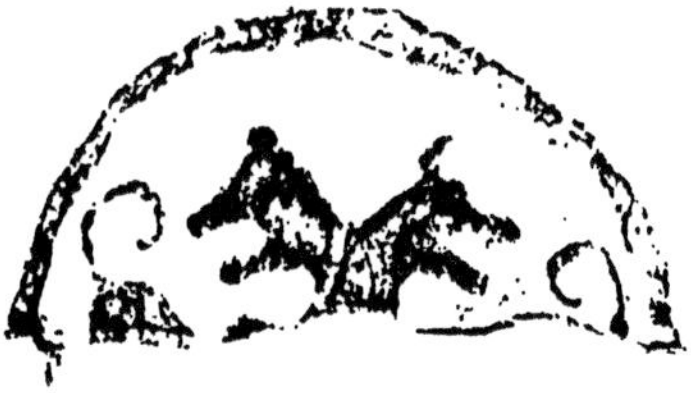

一九　雙饕紋

二〇　雙饕紋

二一　雙饕紋

二二　雲樹紋

二三　雙鹿立戈紋

二四　子母鹿紋

二五　子母鹿紋

二六　鹿紋

二七　鹿紋

二八　梅花鹿紋

二九　梅花鹿紋

三〇　梅花鹿紋

三一　鹿蛇紋

三二　角瑞紋

三三　三獸紋

三四　虎雁紋

三五　虎雁紋

三六　金錢豹紋

三七　四虎紋

三八　龍紋

三九　龍紋

四〇　鳳雛紋

二　秦畫當

四一　夔紋

四二　幾何圖案紋

四三　葵紋

四四　葵紋

四五　葵紋

四六　變形葵紋

五〇　繩雲紋

四七　變形葵紋

五一　繩雲紋

四八　變形葵紋

五二　蟬形紋

四九　變形葵紋

五三　動物紋

五四　動物雲紋

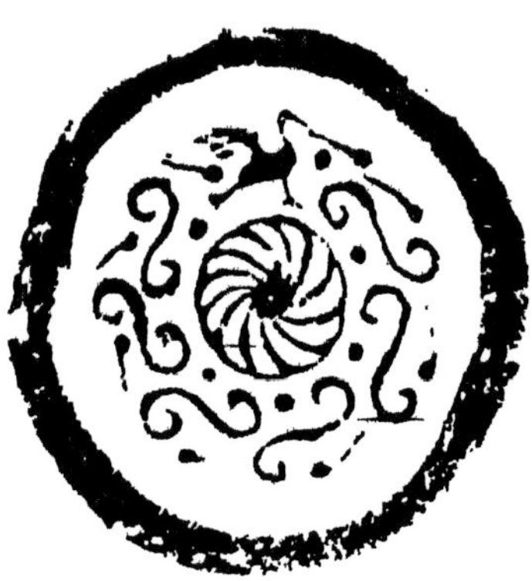

五五　雲鶴紋

五六　雲山紋

五七　蓮花紋

五八　窗格雲紋

五九　窗格雲紋

六〇　窗格雲紋

六一　窗格雲紋

六二　窗格雲紋

六三　窗格雲紋

六四　窗格雲葉紋

六五　雲葉紋

六六　雲葉紋

六七　雲葉紋

六八　雲葉紋

六九　雲葉紋

七〇　變體雲葉紋

七一　變體雲葉紋

七二　變體雲紋

七三　變體雲紋

七四　變體雲紋

七五　變體雲紋

七六　變體雲紋

七七　夔體雲紋

七八　夔體雲紋

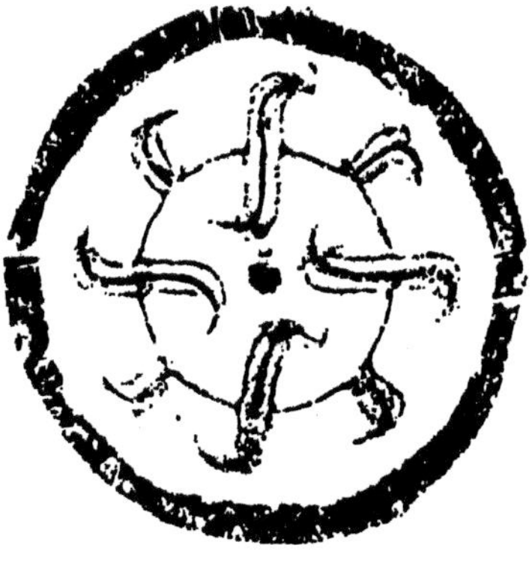

七九　渦紋

八〇　渦紋

八一　雙螭紋

八二　金錢豹紋

八三　夔鳳紋

八四　夔鳳紋

八五　夔鳳紋

八六　夔鳳紋

八七　雲鶴紋

八八　雲雁紋

八九　十鳥紋

九〇　四靈豐字紋

三 漢畫當

九一　蒼龍紋

九二　蒼龍紋

九三　白虎紋

九四　白虎紋

九五　朱雀紋

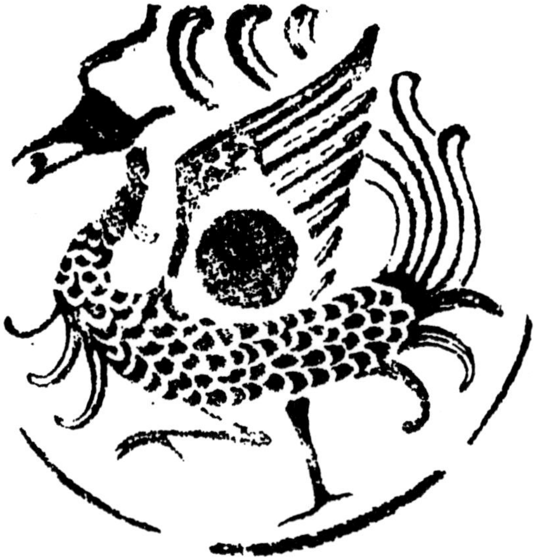

九六　朱雀紋

九七　朱雀紋

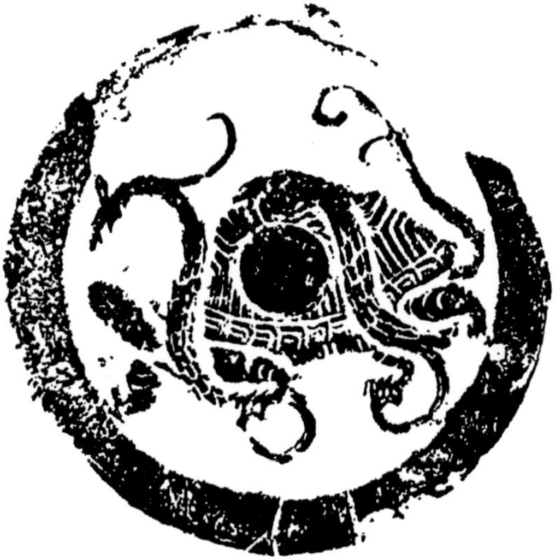

九八　玄武紋

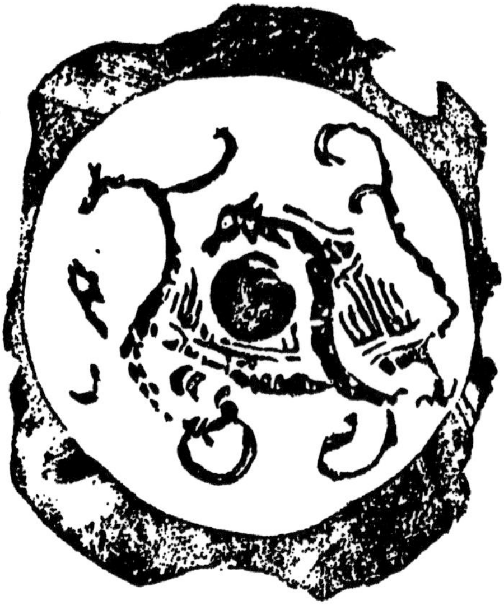

九九　玄武紋

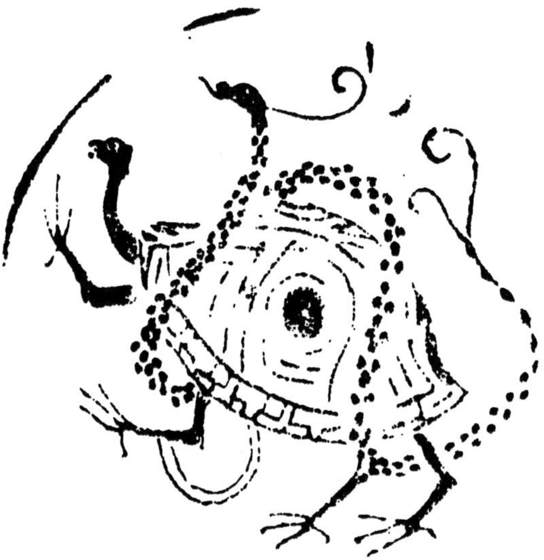

一〇〇　玄武紋

一〇一　白鳳紋

一〇二　三鶴紋

一〇三　四蛙紋

一〇四　飛廉紋

一〇五　雙鶴雲紋

一〇六　雙鶴雲紋

一一〇　雲紋

一〇七　花鳥紋

一一一　雲紋

一〇八　嘉禾蟬形紋

一一二　雲紋

一〇九　雲紋

一一三 雲紋

一一四 雲紋

一一五 雲紋

一一六 雲紋

一一七 雲紋

一一八 雲紋

一一九 雲紋

一二〇 雲紋

一二一 雲紋

一二二 雲紋

一二三 雲紋

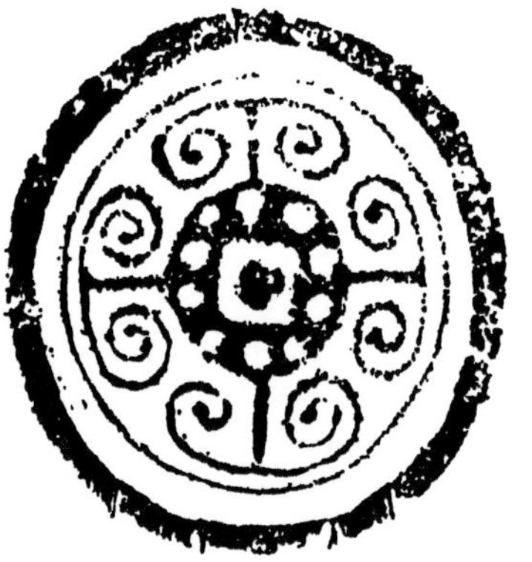

一二四 雲紋

一二五　雲葉紋

一二六　雲葉紋

乙 字當

一 宮殿

一二七　維天降靈延元萬年天下康寧

一二八　維天降靈延元萬年天下康寧

一二九　維天降靈延元萬年天下康寧

一三〇　維天降靈延元萬年天下康寧

一三一　橐泉宮當

一三二　梁宮

一三三　年宮

一三四　宮

一三五　宮

一三六　宮

一三七　宮

一三八　當王天命

一三九　飛鴻延年

一四〇　飛鴻延年

一四一　飛鴻延年

一四二　益延壽宮

一四三　益延壽

一四四　益延壽

一四五　黃山

一四六　黃山

一四七　壽成

一四八　壽成

一四九　甘林

一五〇　甘林

一五一　甘林

一五二　甘泉上林

一五三　甘泉上林

一五四　永受嘉福

一五五　永受嘉福

一五六　與華無極

一五七　與華無極

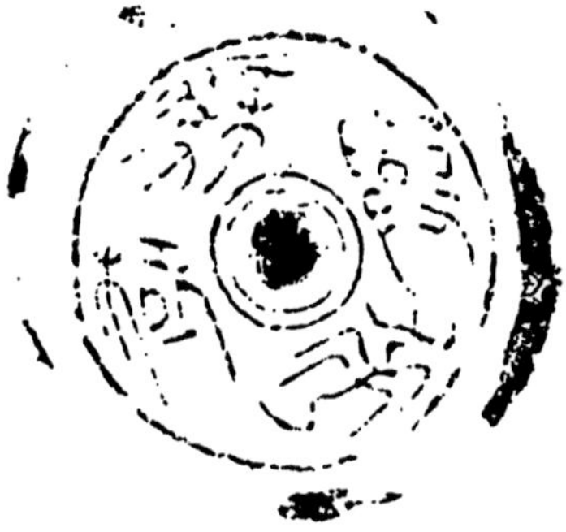

一五八　與華無極

一五九　與華無極

一六〇　與華無極

一六一　石室朝神宮

一六二　石渠千秋

一六三　漢道光明

一六四　仁義自成

一六五　萬物咸成

一六六　狼干萬延

一六七　揜依中庭

一六八　便

一六九　八風壽存當

一七〇　崇蛹嵯峨

一七一　淮南

一七二　齊園宮當

一七三　齊一宮當

一七四　馬氏殿當

一七五　蘭池宮當

一七六　蘭池宮當

一七七　平樂宮阿

一七八　平樂宮阿

一七九　折鳳闕當

一八〇　羽陽臨渭

一八一　羽陽臨渭

一八二　羽陽萬歲

一八三　羽陽萬歲

一八四　羽陽千歲

一八五　羽陽千歲

一八六　羽陽千秋

一八七　羽陽千秋

一八八　羽陽千歲

一八九　羽陽千歲

一九〇　羽陽千歲

一九一　延年

一九二　延年

一九三　延年

一九四　延年

一九五　延年

一九六　延年

一九七　延年

一九八　上林

一九九　上林

二〇〇　上林

二〇一　上林

二〇二　上林

二〇三　上林

二〇四　上林

二〇五　上林

二〇六　上林

二〇七　上林

二〇八　上林

二〇九　與華相宜

二一〇　與華相宜

二一一　與華相宜

二一二　與華相宜

二一三　鼎胡延壽宮

二一四　鼎胡延壽宮

二一五　鼎胡延壽宮

二一六　鼎胡延壽宮

二一七　鼎胡延壽宮

二一八　鼎胡延壽保

二一九　鼎胡延壽保

二二〇　清涼有憙

二二一　仁義自成

二二二　方春蕃萌

二二三　萬物咸成

二二四　建章

二二五　湧泉混流

二二六　駘湯萬年

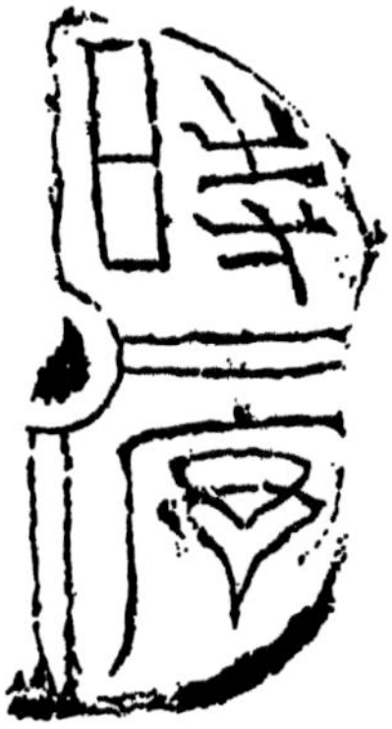

二二七　時序□□

二二八　便

二二九　八風壽存當

二三〇　八風壽存當

二三一　永保國阜

二三二　召陵宮當

二三三　治冢宮當

二三四　馬氏殿當

二　官署

二三五　宗正官當

二三六　宗正官當

二三七　都司空瓦

二三八　右空

二三九　右將

二四〇　大萬樂當

二四一　大萬樂當

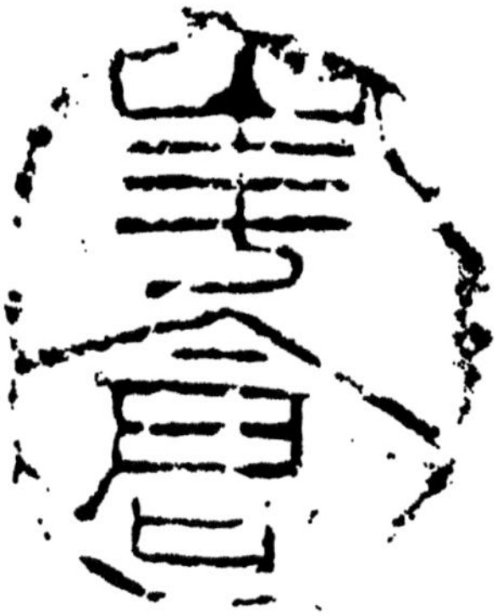

二四二　華倉

二四三　五谷滿倉

二四四　六畜蕃息

二四五　雙鹿甲天下

二四六　佐弋

二四七　臨廷

二四八　京師庾當

二四九　關

二五〇　關

二五一　關

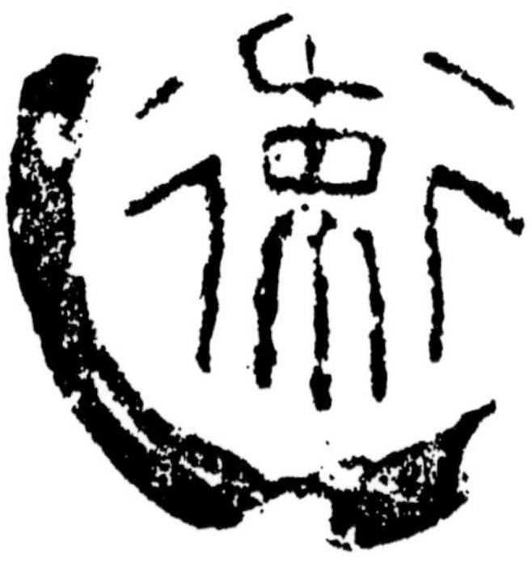
二五二　衞

二五三　衞

二五四　衞

二五五　大衡

二五六　金

二五七　都司空瓦

二五八　右空

二五九　右空

二六〇　右將

二六一　上林農官

二六二　上林農官

二六三　長水屯瓦

二六四　華倉

二六八　馬鹿甲天下

二六五　五谷滿倉

二六九　光瞻吉宇

二六六　百萬石倉

二七〇　屯澤流施

二六七　船室

二七一　佐弋

二七二　鞈篕不霤

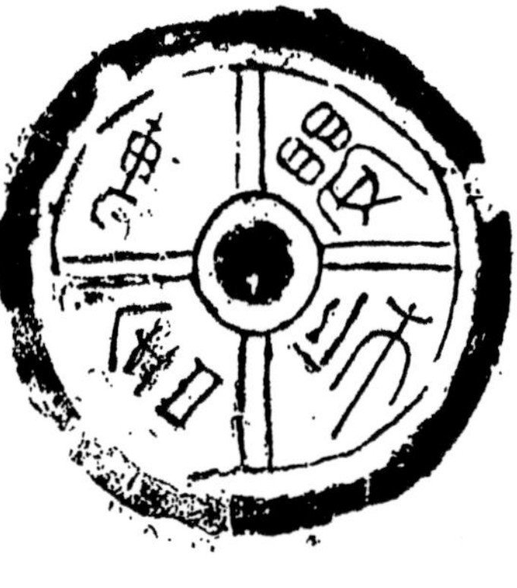

二七三　嬰桃轉舍

二七四　樂浪禮官

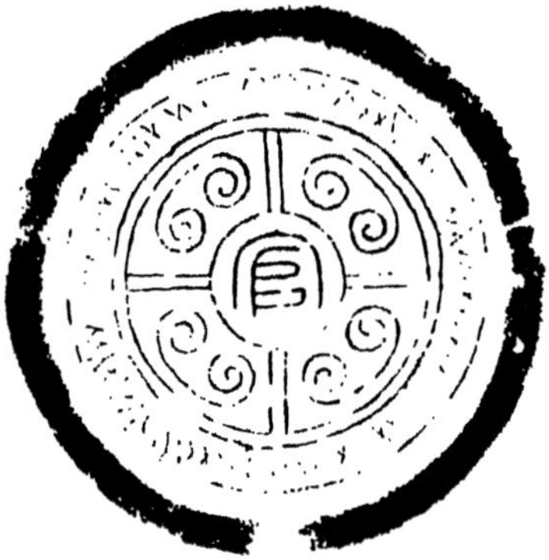

二七五　官

二七六　關

二七七　關

二七八　關

二七九　衛

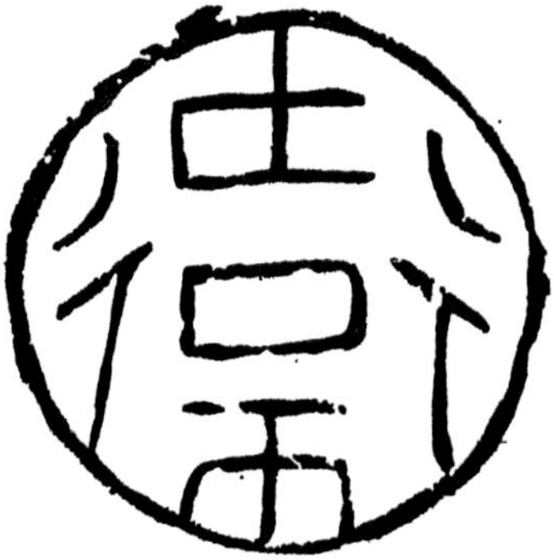

二八〇　衛

二八一　衛

二八二　衛

二八三　衞

二八四　衞

二八五　衞

二八六　衞

二八七　衞

二八八　衞

二八九　衞

二九〇　衞屯

二九一　□監□桑

二九二　太□

三　祠墓

二九三　高安萬世

二九四　高安萬世

二九五　長陵東當

二九六　長陵西神

二九七　天地相方與民世世
永安中正

二九八　永奉無疆

二九九　永奉無疆

三〇〇　永奉無疆

三〇一　億年無疆

三〇二　億年無疆

三〇三　泰靈嘉神

三〇四　常陽穎月

三〇五　曲成之當

三〇六　長久樂哉冢

三〇七　萬歲冢當

三〇八　應氏冢簫

三〇九　馬氏萬年

三一〇　馬

三一一　嚴氏富貴

三一二　張是冢當

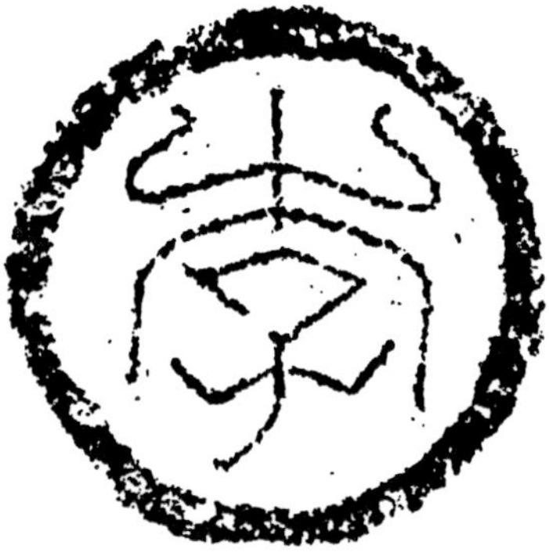

三一三　李

三一四　冢上

三一五　冢

三一六　墓

三一七　高安萬世

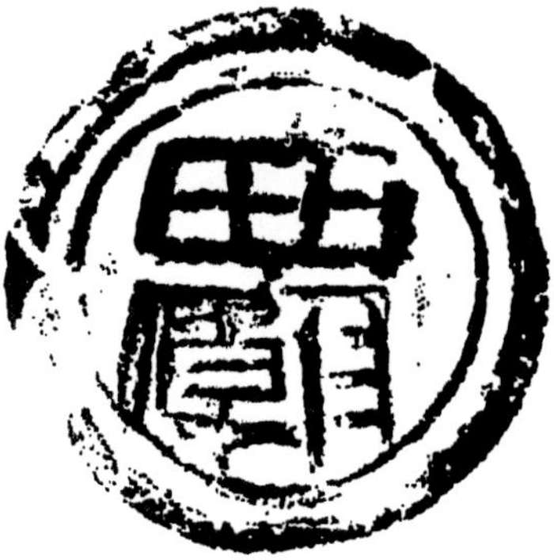

三一八　西廟

三一九　永奉無疆

三二〇　永奉無疆

三二一　永奉無疆

三二二　永奉無疆

三二三　永奉無疆

三二四　永奉無疆

三二五　泰靈嘉神

三二六　鮮神所食

三二七　□宣□靈

三二八　永承大靈

三二九　如氣始降

三三〇　孝大□□

三三一　□□后寢

三三二　道德順序

三三三　道德順序

三三四　成山

三三五　神零冢當

三三六　冢室當完

三三七　守祠堂當

三三八　守祠堂當

三三九　長久樂哉冢

三四〇　黃當萬歲

三四一　冢當萬歲

三四二　冢當萬歲

三四三　巨楊冢當

三四四　楊氏

三四五　馬氏萬年

三四六　鬼氏冢舍

三四七　并是富貴

三四八　殷氏冢當

三四九　冢上西當

三五〇　冢上大當

三五一　呂冢當

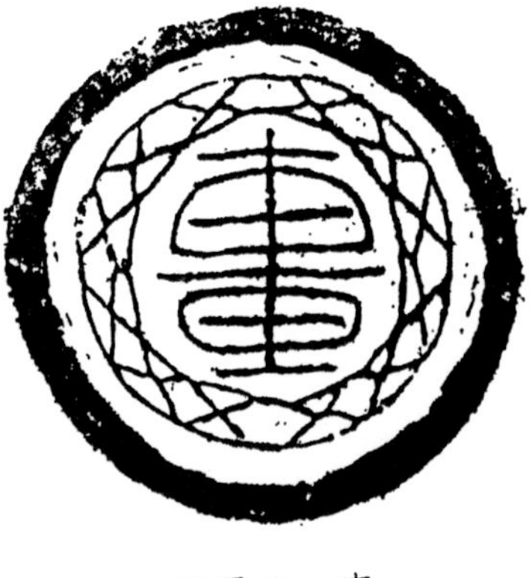

三五二　車

三五三　焦

三五四　酉

三五五　大

三五六　冢

三五七　鴟紋冢

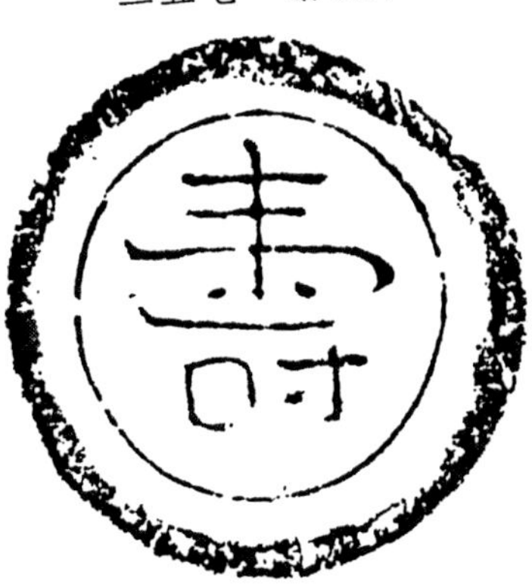

三五八　壽

四　吉語

三五九　長樂未央

三六〇　長樂未央

三六一　長樂未央

三六二　長樂未央

三六三　長樂未央

三六四　長樂未央

三六五　長樂未央

三六六　長樂未央

三六七　長樂未央

三六八　長樂萬歲

三六九　長樂萬歲

三七〇　長樂萬歲

三七一　長樂未央延年永壽昌

三七二　長樂未央千秋萬世昌

三七三　千秋萬歲與地毋極

三七四　千秋萬歲餘未央

三七五　千秋利君長延壽

三七六　千秋萬歲

三七七　千秋萬歲

三七八　千秋萬歲

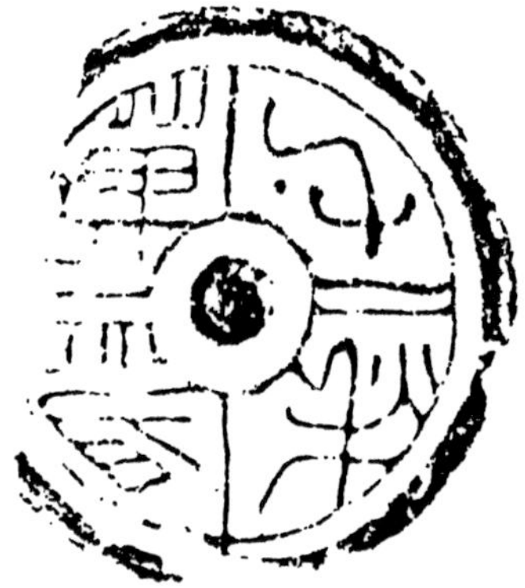

三七九　千秋萬歲

三八〇　千秋萬歲

三八一　千秋萬歲

三八二　千秋萬歲

三八三　千秋萬世

三八四　千秋萬世

三八五　千秋萬世

三八六　千秋長安

三八七　千秋利君

三八八　萬歲萬歲

三八九　萬歲萬歲（瓦範）

三九〇　千秋

三九一　萬歲

三九二　萬歲

三九三　萬歲

三九四　萬歲

三九五　千秋

三九六　萬秋

三九七　萬世

三九八　延壽萬歲常與天久長

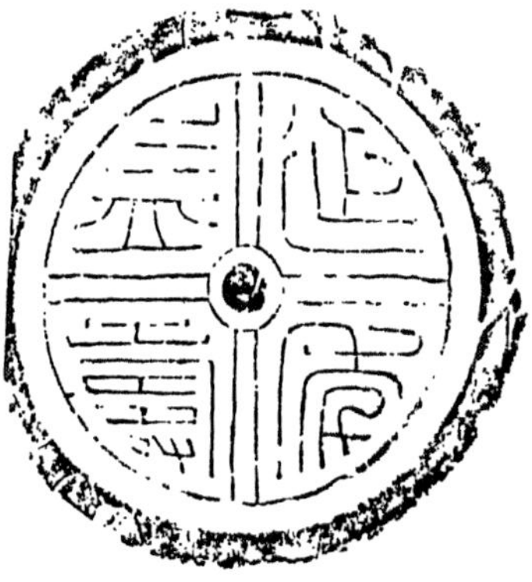

三九九　延年益壽

四〇〇　延年益壽

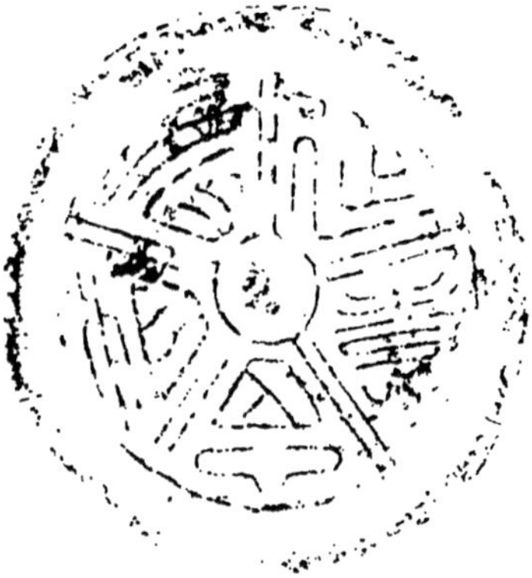

四〇一　延壽長相思

四〇二　與天無極

四〇三　與天毋極

四〇四　與毋

四〇五　長生無極

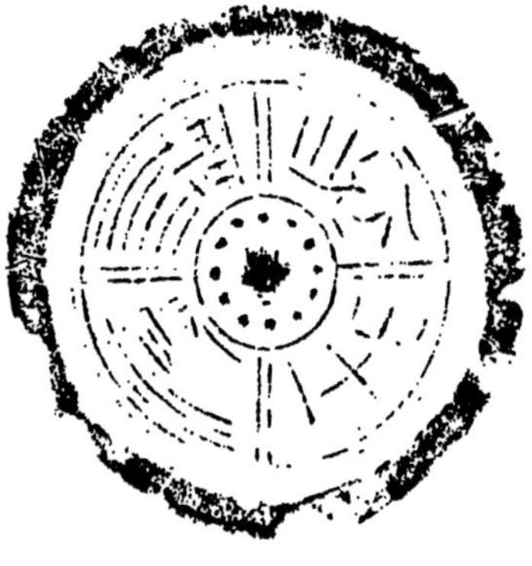

四〇六　長生無極

四〇七　長生未央

四〇八　長生未央

四〇九　未央

四一〇　風紋長生未央

四一一　長生未央

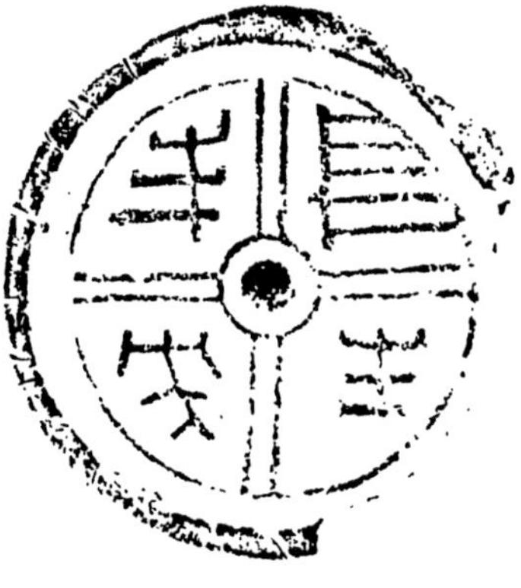

四一二　長生未央

四一三　萬歲未央

四一四　萬歲未央

四一五　萬年未央

四一六　安樂未央

四一七　安樂未央

四一八　富昌未央

四一九　富貴萬歲

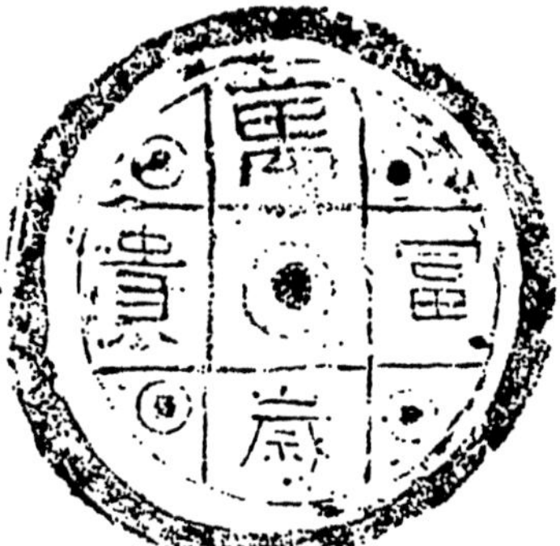

四二〇　富貴萬歲

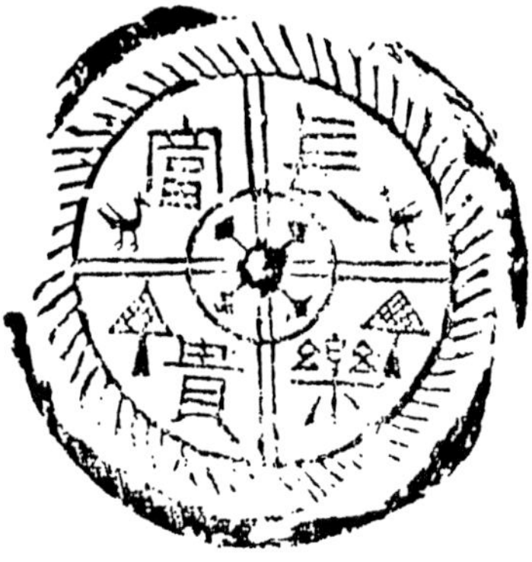

四二一　長樂富貴

四二二　元大富貴

四二三　□富□樂

四二四　宜富貴當千金

四二八　長毋相忘

四二五　大吉

四二九　有萬憙

四二六　大宜子孫

四三〇　千萬世

四二七　吉月照登

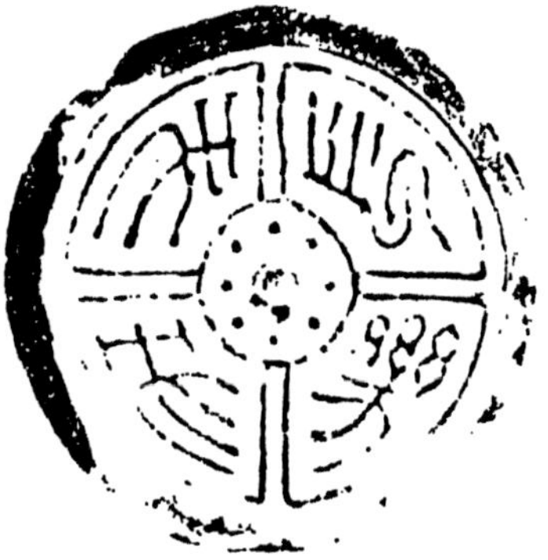

四三一　長樂未央

四三二　長樂未央

四三三　長樂未央

四三四　長樂未央

四三五　長樂未央

四三六　長樂未央

四三七　長樂未央

四三八　長樂未央

四三九　長樂未央

四四〇　長樂未央

四四一　長樂未央

四四二　長樂未央

四四三　長樂未央

四四四　長樂未央

四四五　長樂未央

四四六　長樂未央

四四七　長樂未央

四四八　長樂未央

四四九　長樂未央

四五〇　長樂未央

四五一　長樂未央

四五二　長樂未央

四五三　長樂未央

四五四　長樂未央

四五五　長樂未央

四五六　長樂未央

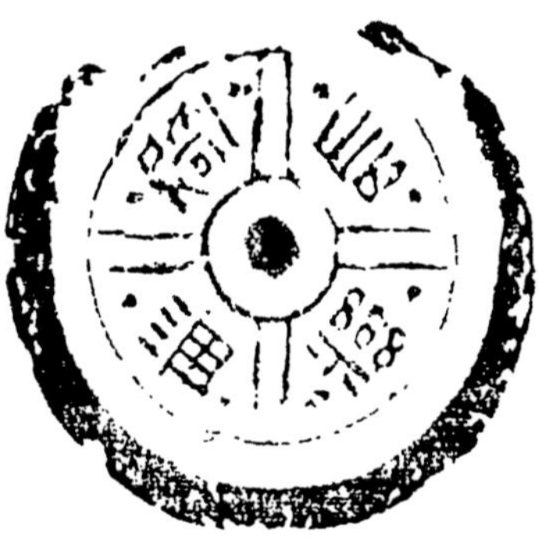

四五七　長樂無極

四五八　長樂萬歲

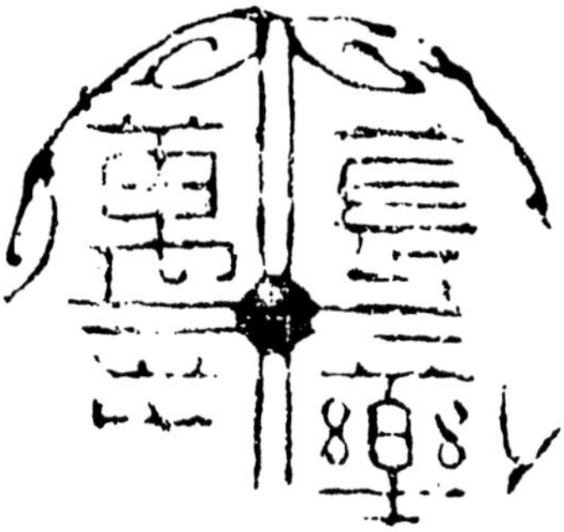

四五九　長樂萬歲

四六〇　長樂萬歲

四六一　長樂萬歲

四六二　長樂未央金

四六三　長樂未央千秋萬世昌

四六四　長樂毋極常安居

四六五　千秋萬歲與天毋極

四六六　千秋萬歲安樂無極

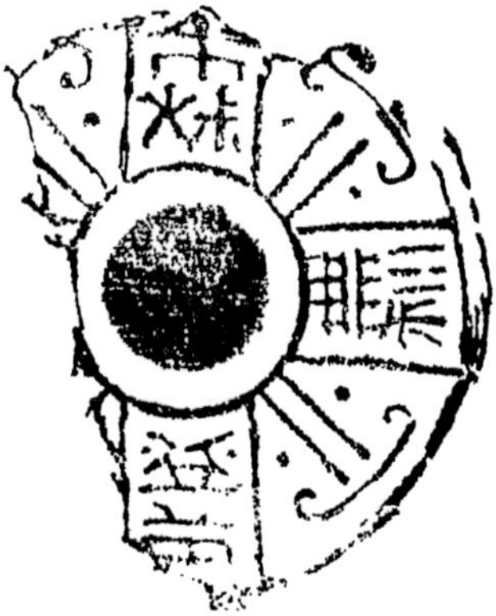

四六七　千秋萬歲□□無極

四六八　千秋萬歲餘未央

四六九　千秋萬歲餘未央

四七〇　千秋萬歲樂未央

四七一　千秋萬歲安樂未央

四七二　千秋萬

四七六　千秋萬歲

四七三　秋萬歲樂

四七七　千秋萬歲

四七四　千萬歲為大年

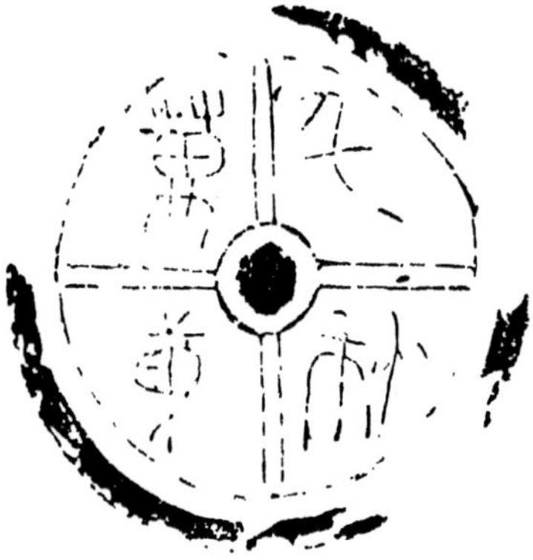

四七八　千秋萬歲

四七五　千秋萬歲富貴

四七九　千秋萬歲

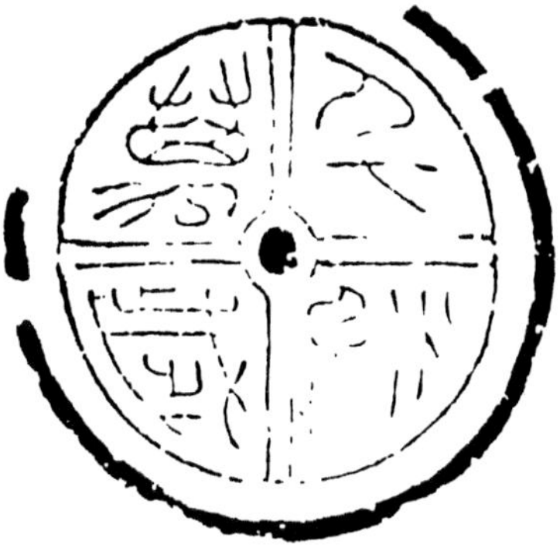

四八〇　千秋萬歲

四八一　千秋萬歲

四八二　千秋萬歲

四八三　千秋萬歲

四八四　萬歲

四八五　千秋萬歲

四八六　千秋萬歲

四八七　千秋萬世

四八八　千秋萬世

四八九　千秋萬世

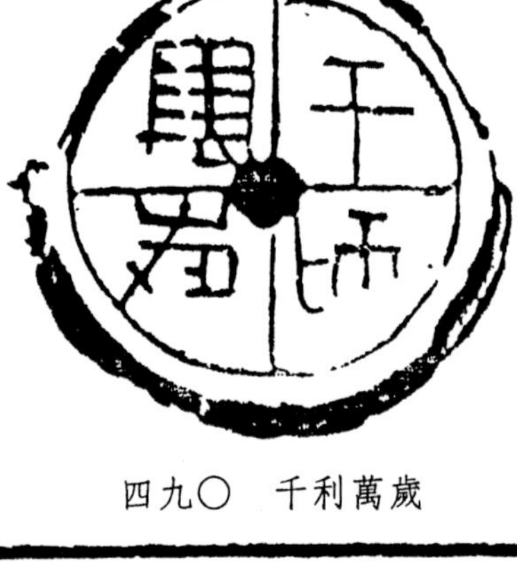

四九〇　千利萬歲

四九一　千利萬歲

四九二　利歲

四九三　安世萬歲

四九四　萬歲

四九五　萬歲

四九六　萬歲

四九七　萬歲

四九八　萬歲

四九九　秋歲

五〇〇　萬歲(異文)

五〇一　萬歲

五〇二　萬歲

五〇三　萬歲

五〇四　萬歲

五〇五　萬歲

五〇六　千秋

五〇七　千秋

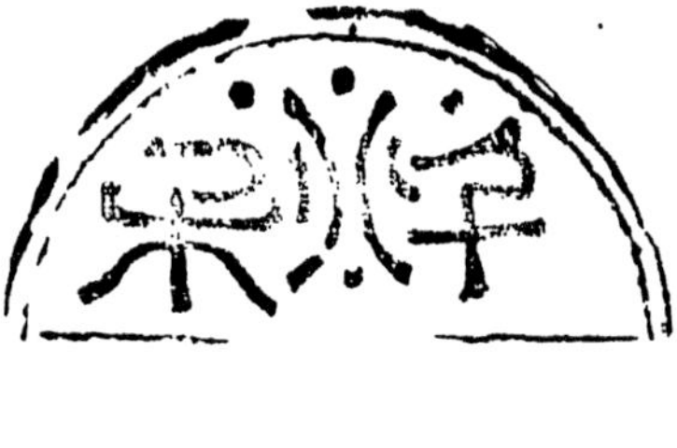

五〇八　千秋

五〇九　千萬

五一〇　千萬

五一一　千萬

五一二　安世

五一三　安世

五一四　安世

五一五　延壽萬歲常與天久長

五一六　延壽萬歲常與天久長

五一七　延年益壽

五一八　延年益壽

五一九　延年益壽

五二〇　延年益壽

五二一　延年益壽

五二二　延年益壽

五二三　延年益壽

五二四　延壽萬歲

五二五　延壽萬歲

五二六　延壽萬歲

五二七　延壽萬歲

五二八　延壽萬歲

五二九　延壽萬歲

五三〇　延壽千年

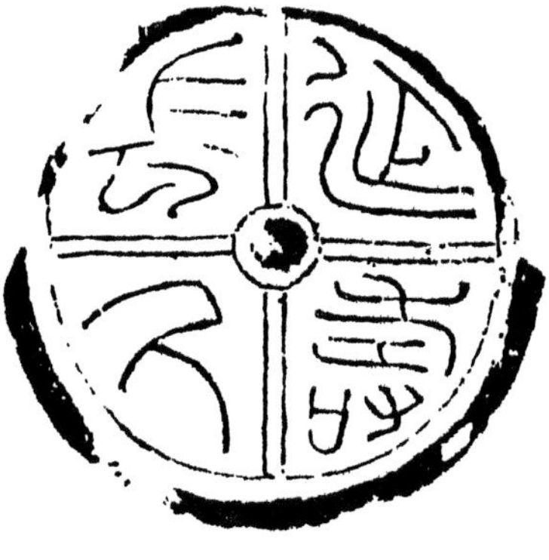

五三一　延壽長久

五三二　與天無極

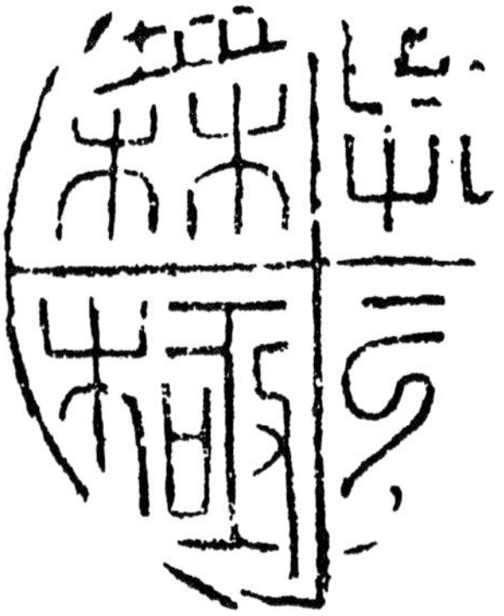

五三三　與天無極

五三四　與天無極

五三五　與天無極

五三六　與天無極

五三七　與天無極

五三八　與天無極

五三九　與天無極

五四〇　與天無極

五四一　與天無極

五四二　與天無極

五四三　與天無極

五四四　與天無極

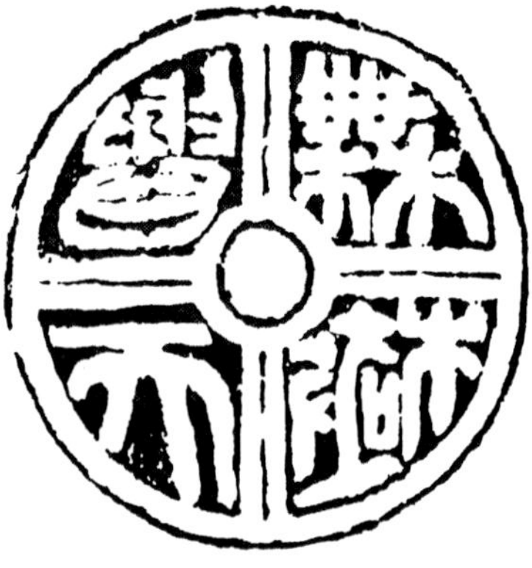

五四五　與天無極（瓦範）

五四六　與天毋極

五四七　與天毋極

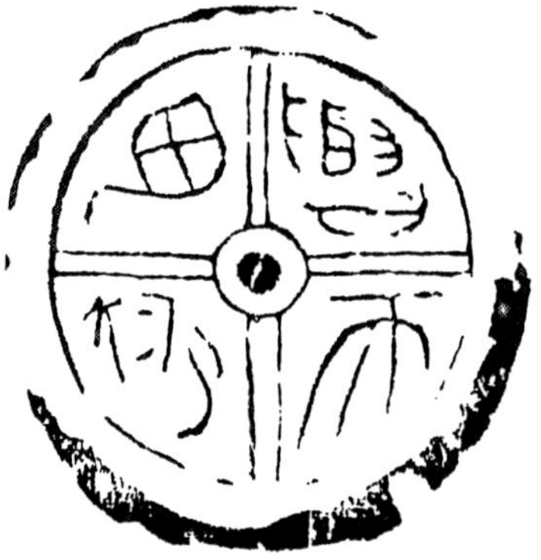

五四八　與天毋極

五四九　與天毋極

五五〇　與天毋極

五五一　與天

五五二　無極

五五三　與天久長

五五四　與天久長

五五五　與地相長

五五六　萬歲無極

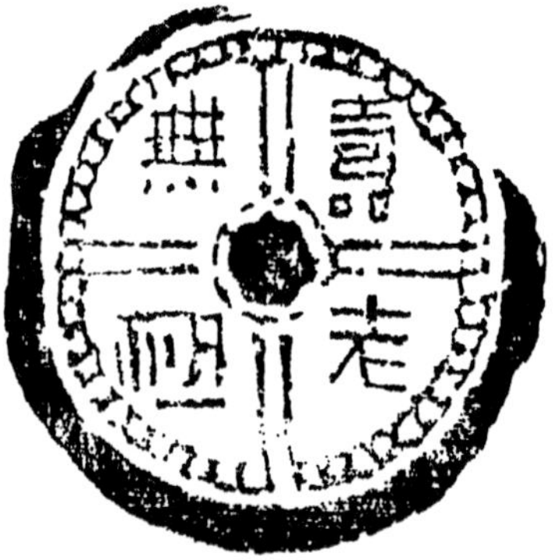

五五七　壽老無極

五五八　長生無極

五五九　長生無極

五六〇　長生無極

五六一　長生無極

五六二　長生無極

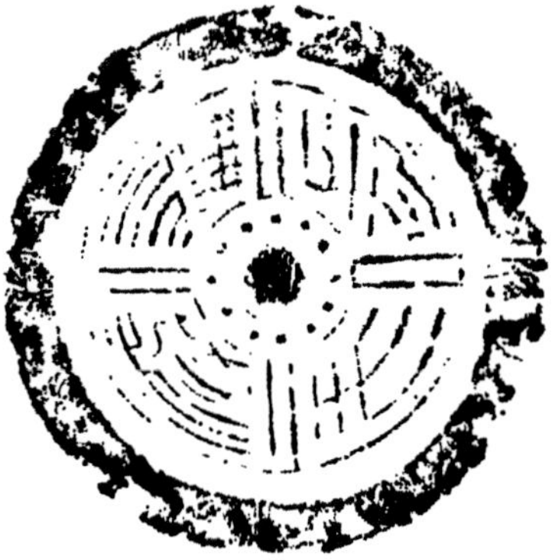

五六三　長生無極

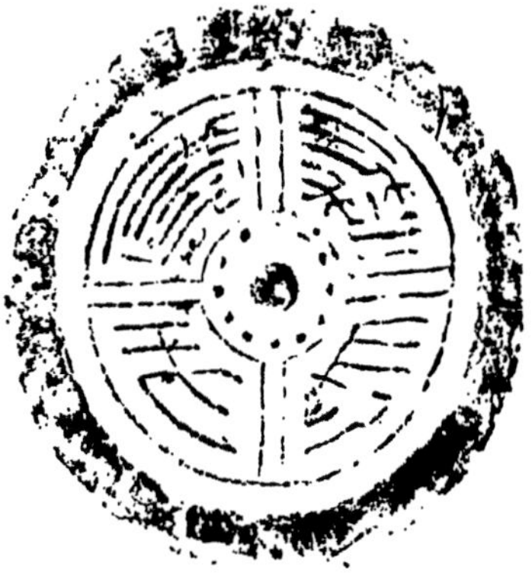

五六四　長生無極

五六五　長生無極

五六六　長生無極

五六七　長生無極

五六八　長生無極

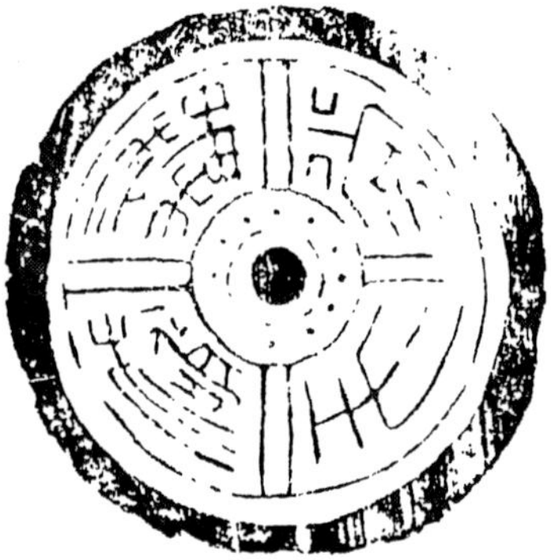

五六九　常生無極

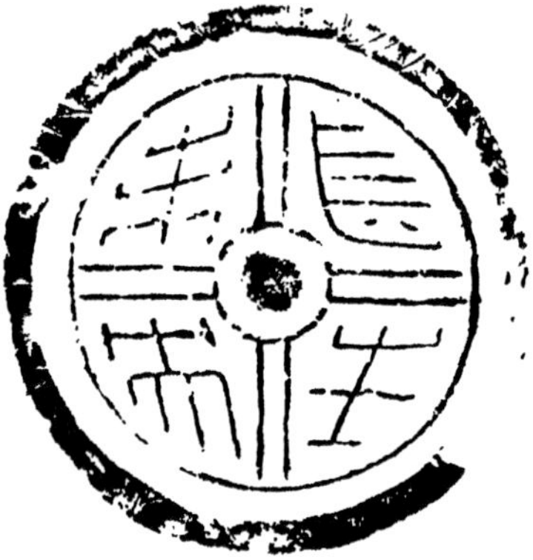

五七〇　長生未央

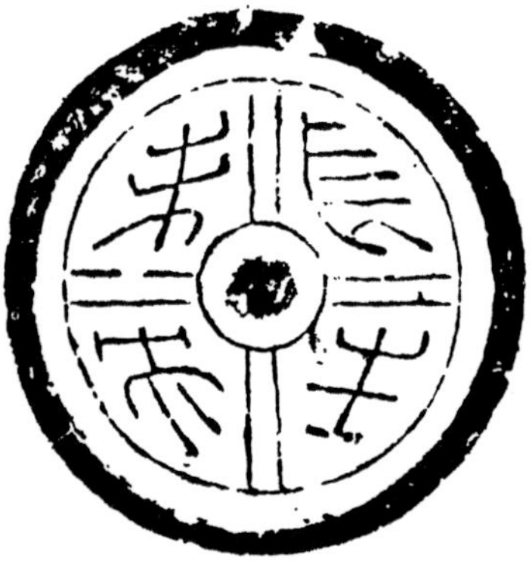

五七一　長生未央

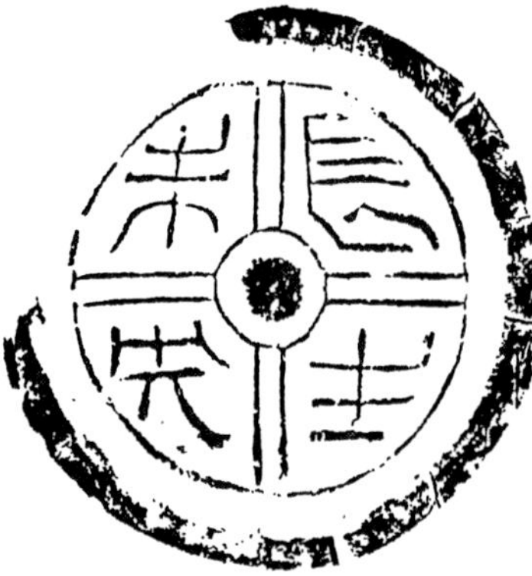

五七二　長生未央

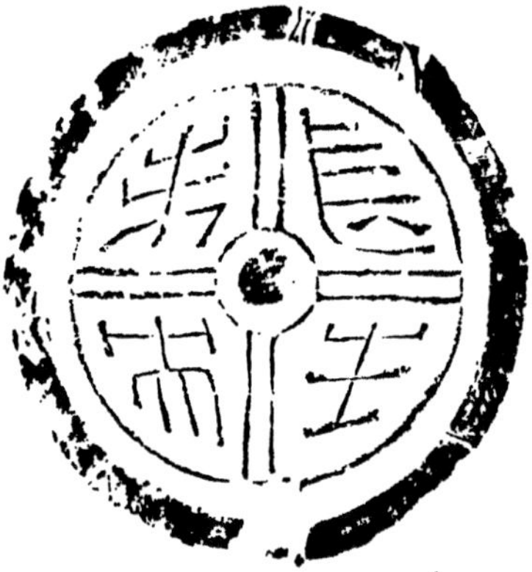

五七三　長生未央

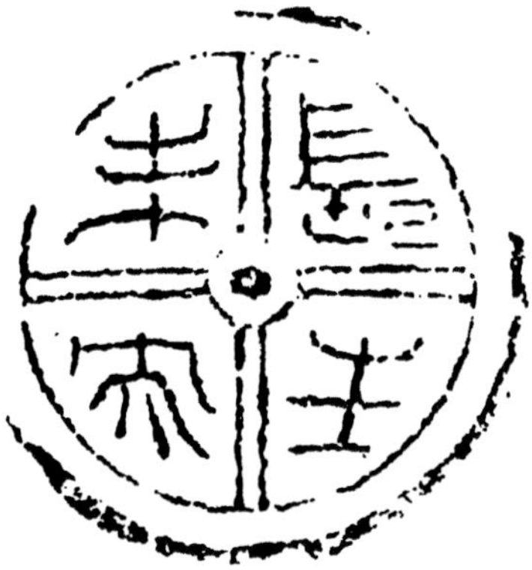

五七四　長生未央

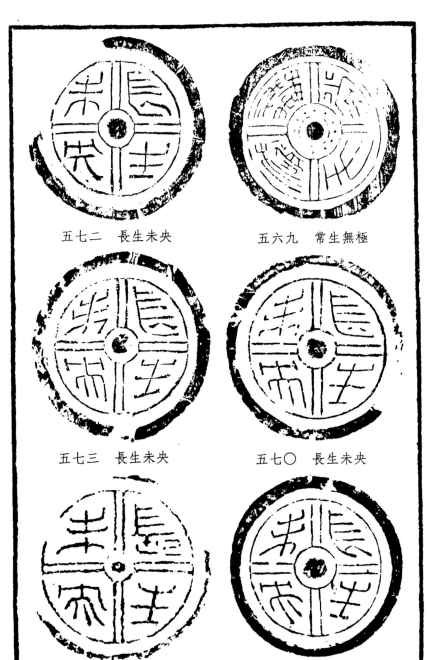

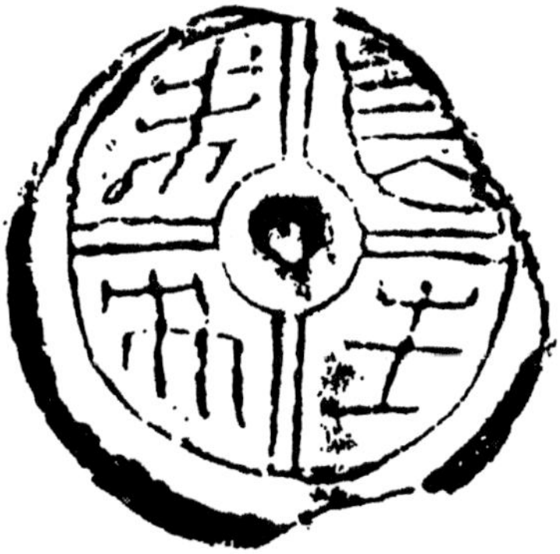

五七五　長生未央

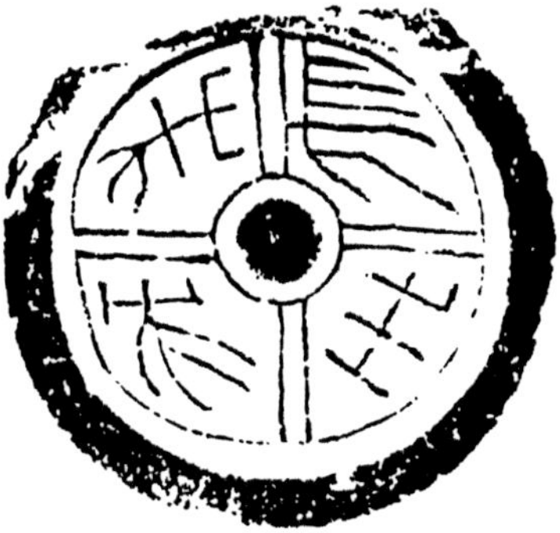

五七六　長生未央

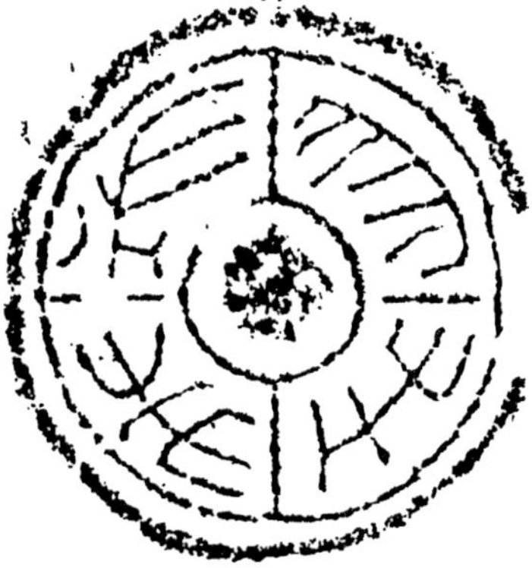

五七七　長生未央

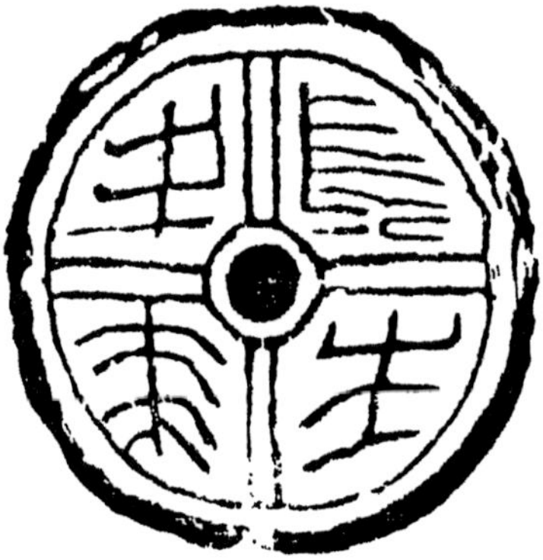

五七八　長生未央

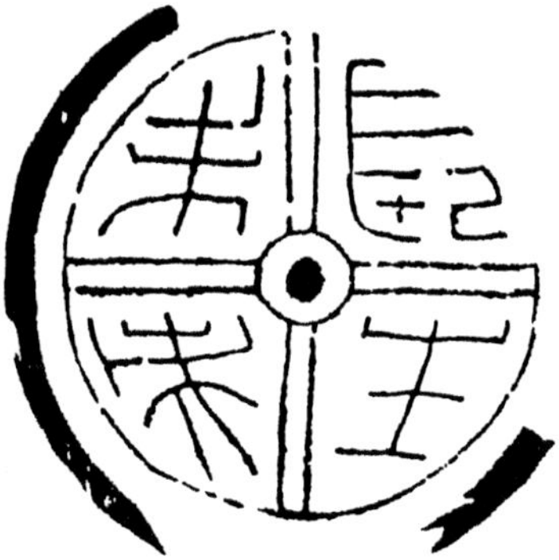

五七九　長生未央

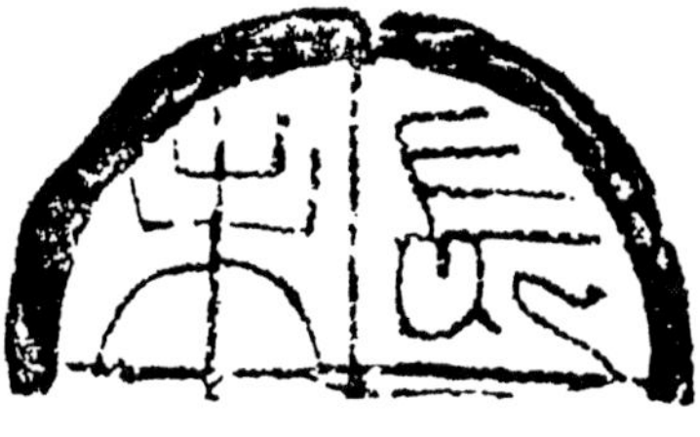

五八〇　長未

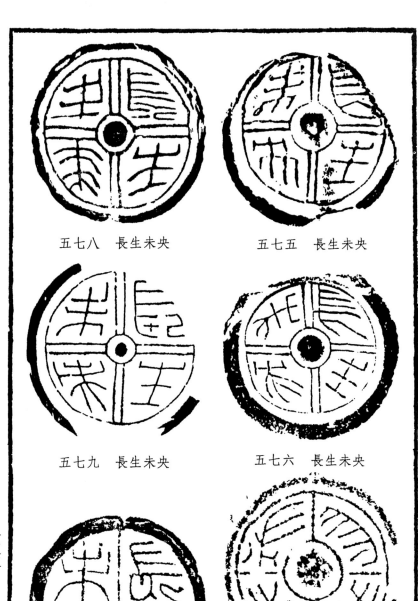

五八一　長生未央

五八二　長生未央

五八三　長生未央

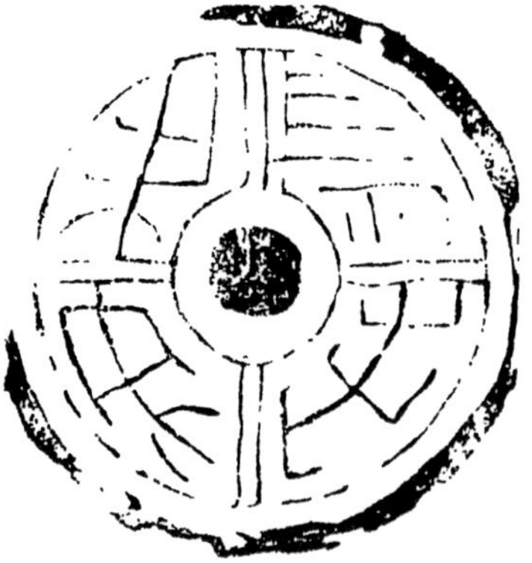

五八四　長生未央

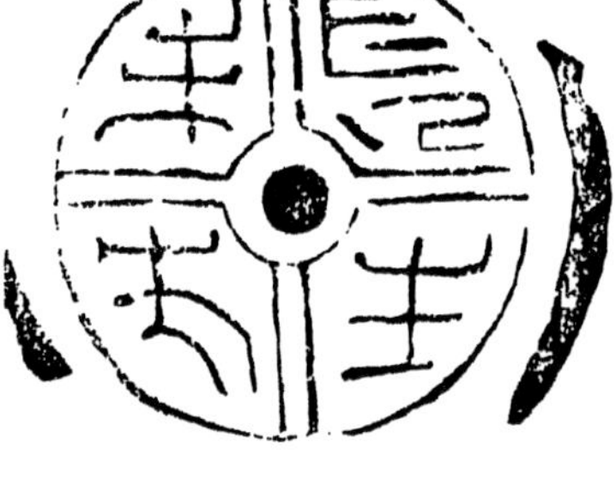

五八五　長生未央

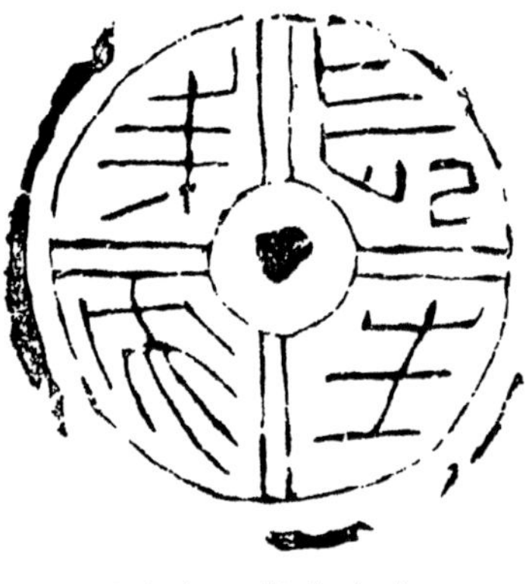

五八六　長生未央

五八七　長生未央

五八八　長生未央

五八九　長生未央

五九〇　長生未央

五九一　長生未央

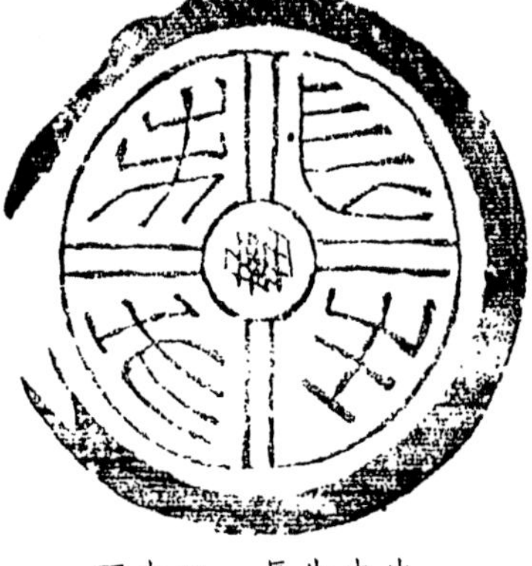

五九二　長生未央

五九三　長生未央

五九四　長生未央

五九五　長生未央

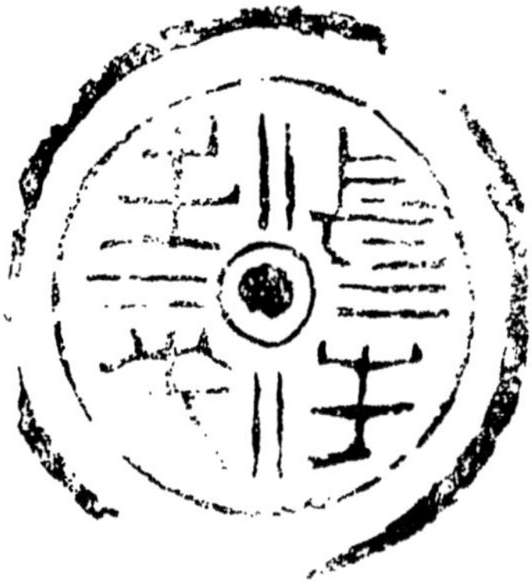

五九六　長生未央

五九七　長生未央

五九八　長生未央

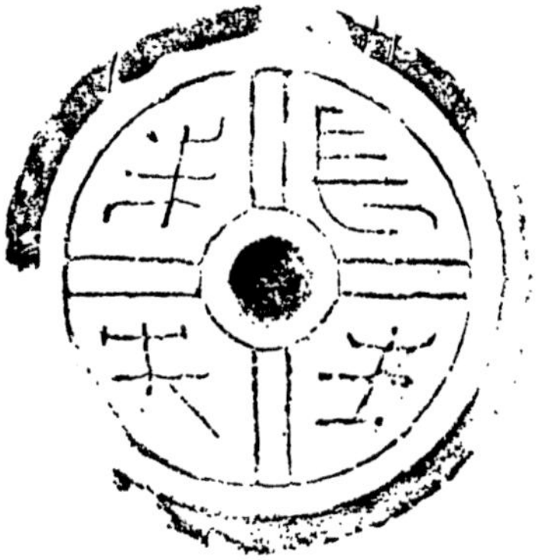

五九九　長生未央

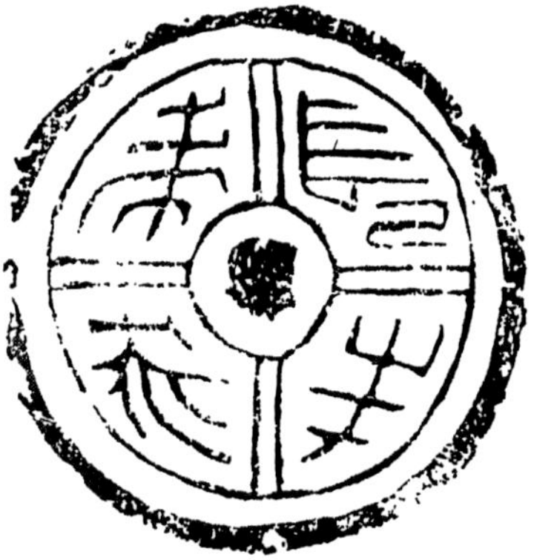

六〇〇　長生未央

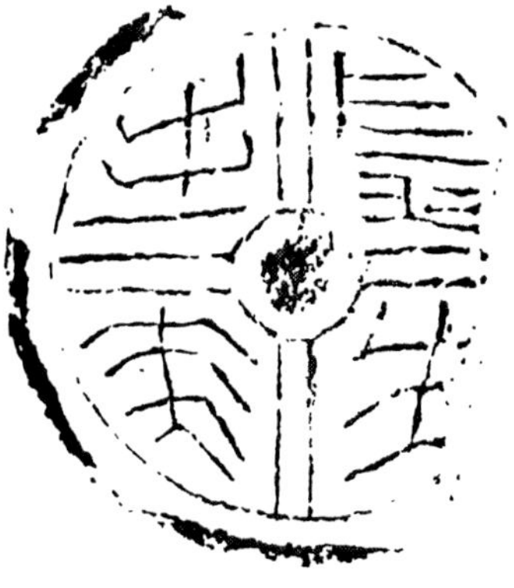

六〇一　長生未央

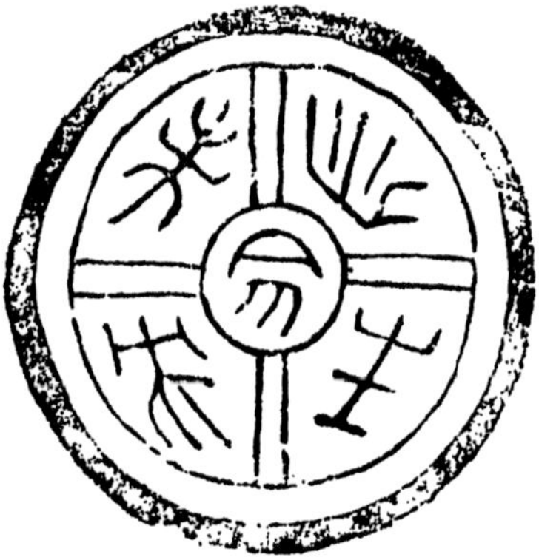

六〇二　長生未央

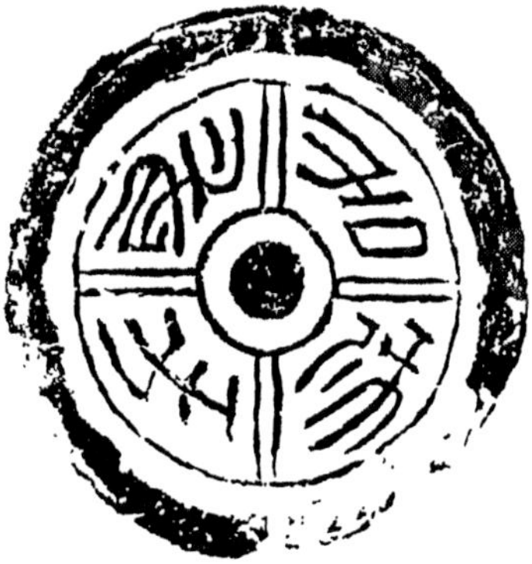

六〇三　長生吉利

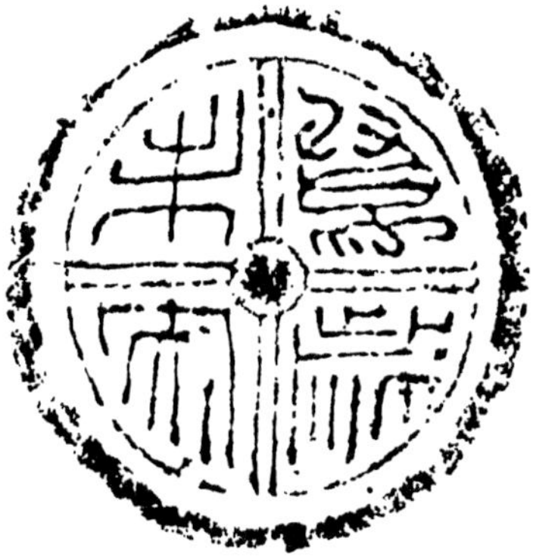

六〇四　萬歲未央

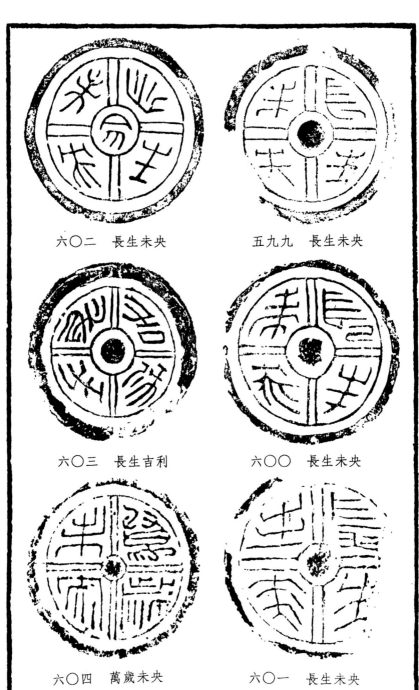

六〇五　萬歲未央

六〇六　萬歲未央

六〇七　永年未央

六〇八　安樂未央

六〇九　安樂未央

六一〇　昌利未央

六一一　富貴毋央

六一二　富貴萬歲

六一三　富貴萬歲

六一四　富貴萬歲

六一五　富貴萬歲

六一六　富貴萬歲

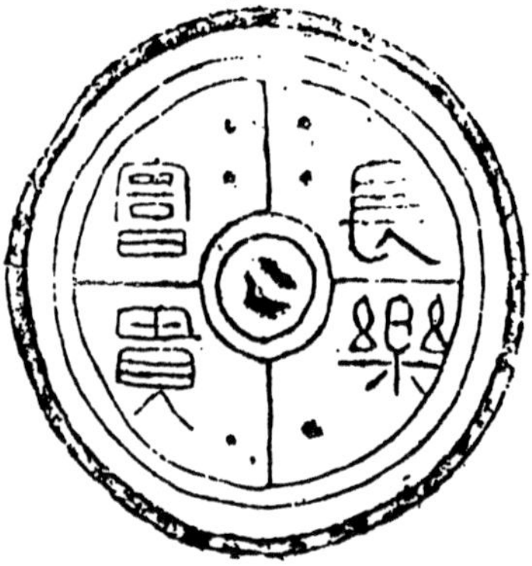

六一七　長樂富貴

六一八　長樂富貴

六一九　方春富貴

六二〇　宜昌富貴

六二一　億萬長富

六二二　富貴

六二三　富貴

六二四　宜侯王富貴昌飲酒

六二五　宜富貴

六二六　安樂富貴

六二七　大吉萬歲

六二八　大吉日利

六二九　大吉五五

六三〇　大吉富昌

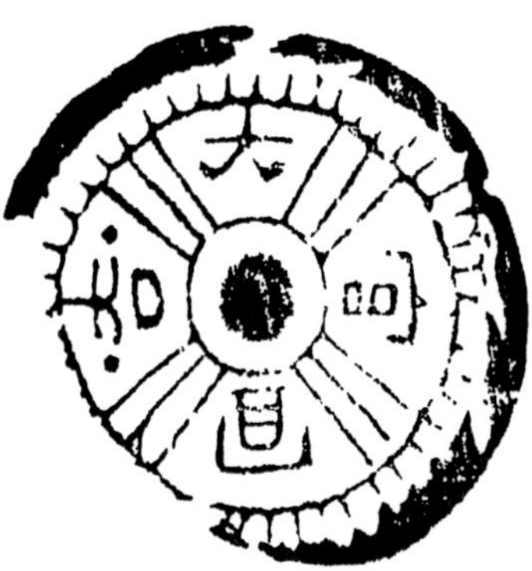

六三一　大吉宜官

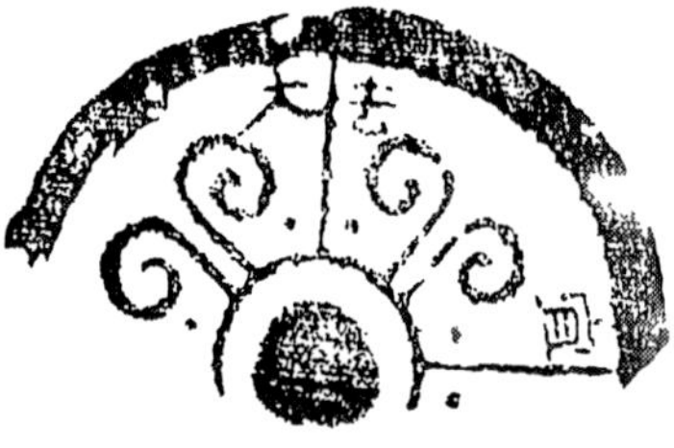

六三二　大吉宜□

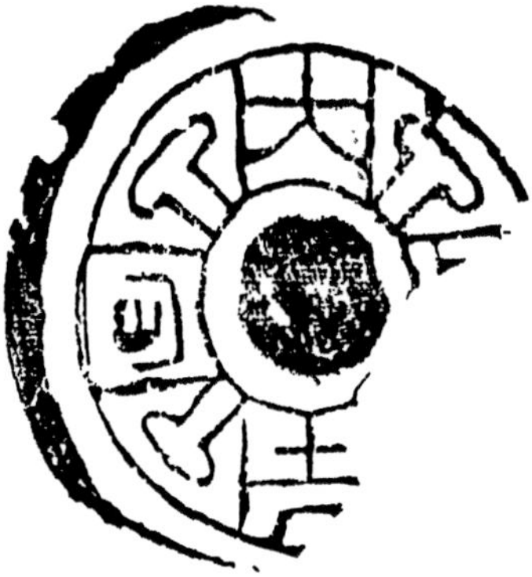

六三三　大吉宜□

六三四　君宜侯王

六三五　君如高貴

六三六　永保子孫

六三七　宜錢金當

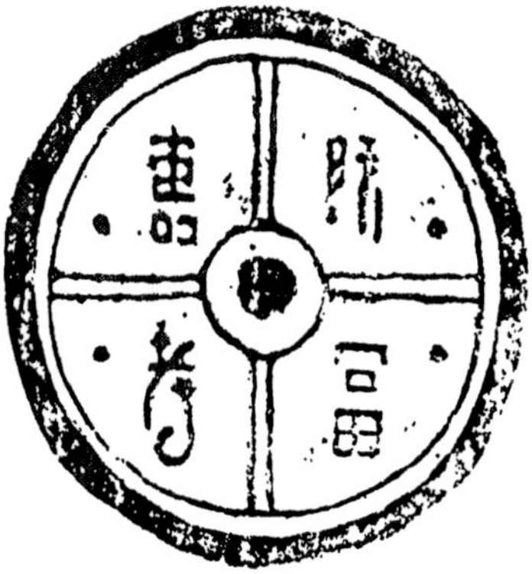

六三八　既壽富考

六三九　后□萬□

六四〇　常

五　紀事

六四一　惟漢三年大并天下

六四二　漢并天下

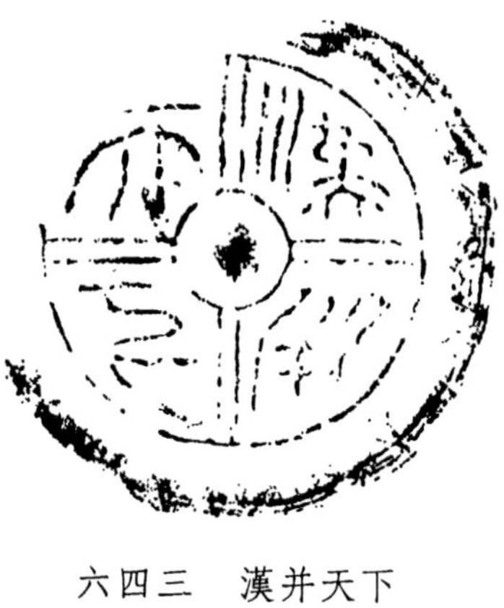

六四三　漢并天下

六四四　漢并天下

六四五　安平樂未央

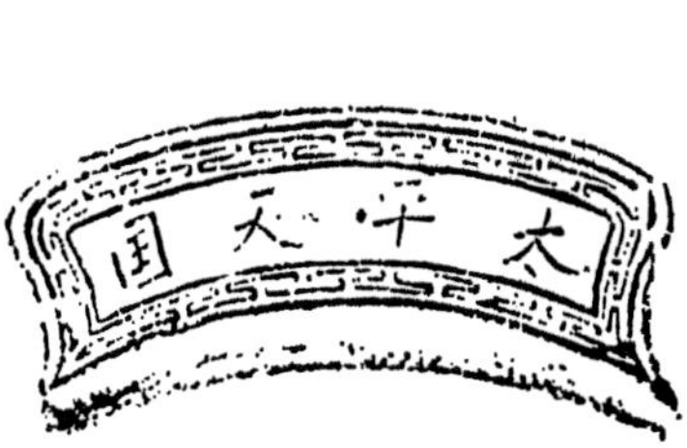

六四六　太平天國(清)

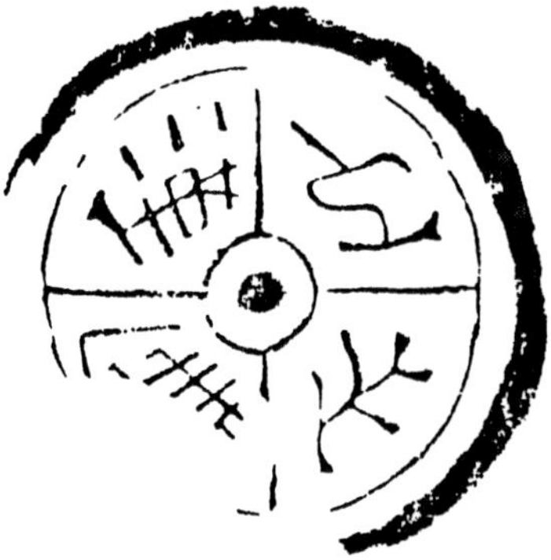

六五〇　漢兼天下

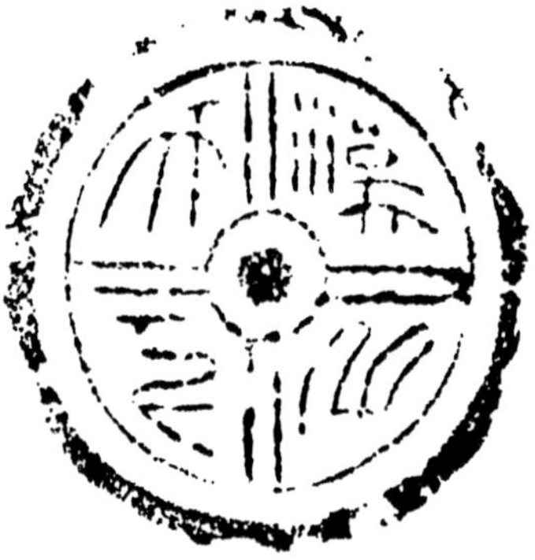

六四七　漢并天下

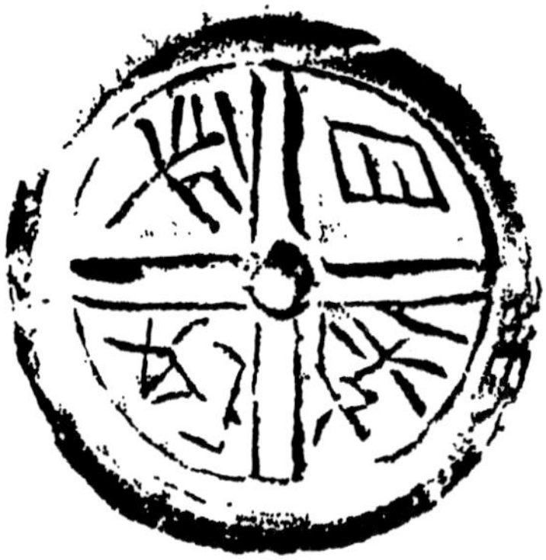

六五一　四年平安

六四八　漢并天下

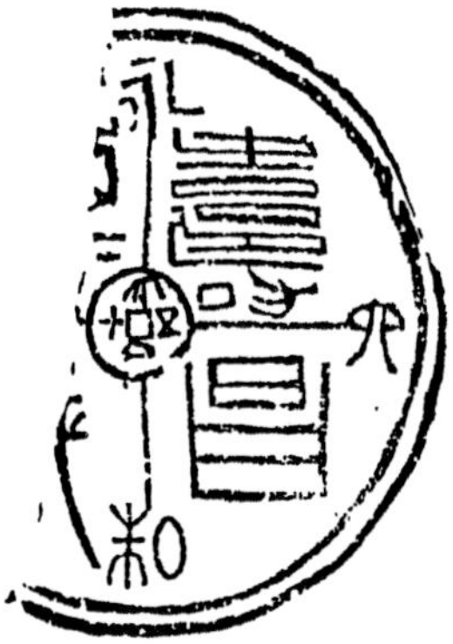

六五二　永和六年壽昌萬萬歲

六四九　漢兼天下

六五六　樂浪富貴

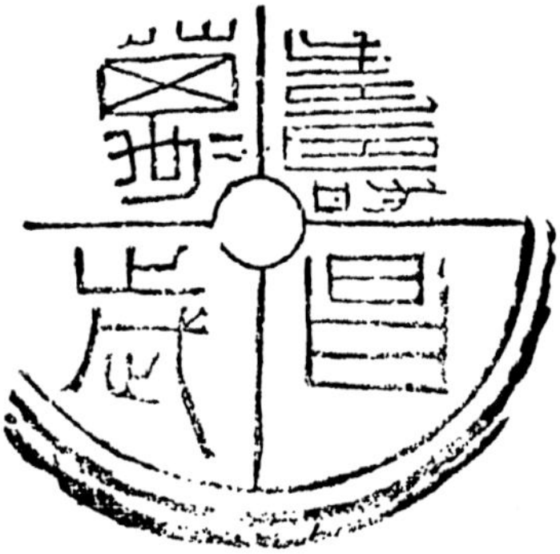

六五三　壽昌萬萬歲

六五七　樂

六五四　永平十五年(存考)

六五八　大秦龍興化牟古聖

六五五　單于和親

六　其他

六五九　盜瓦者死

六六〇　三字瓦(待考)

六六一　竇天

六六二　□陽萬□

六六三　東陽□□

六六四　□□蜀萊

六六五　□□□萬久富

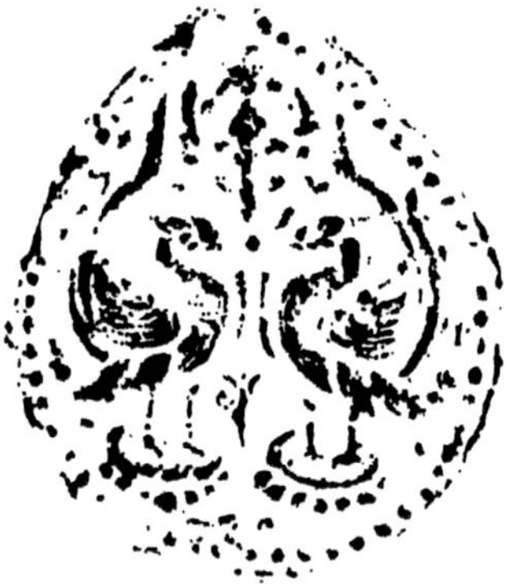

六六六　鴛鴦紋

六六七　君子

六六八　薪世所作

六六九　工者所作

六七〇　玄鳳紋

六七一　彩鳳紋

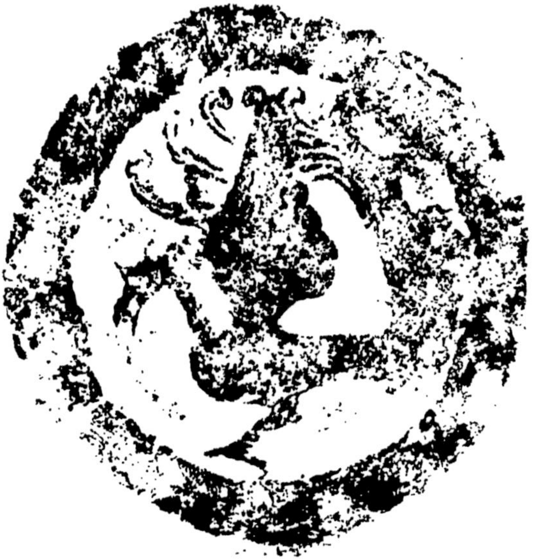

六七二　鳳紋

丙　附錄

一　瓦筒

（一）　戰國畫筒

六七三　鳳璧玉葉紋

六七四　鳳璧玉葉紋

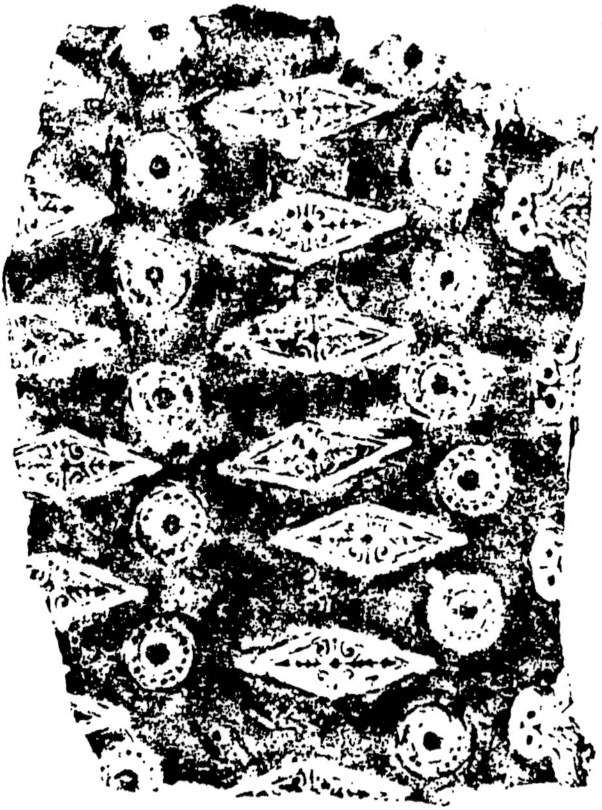

六七五　璧勝玉葉紋

（二）秦字筒
（三）漢字筒

二　板瓦

（一）周字板瓦
（二）秦字板瓦
（三）漢字板瓦

三　瓦滴

（一）漢字滴
（二）清畫滴

六七六　中右

六七七　西神

六七八　建安三年造

六七九　右闟

六八〇　大水

六八一　左水

六八二　左宮巨隹

六八三　左司高瓦

六八四　右司空嬰

六八五　左禹

六八六　左胡

六八七　左巷

六八八　咸芮里喜

六八九　咸故倉均

六九〇　咸如邑頃

六九一　始建國四年保城都司空

六九二　永三年

六九三　楊

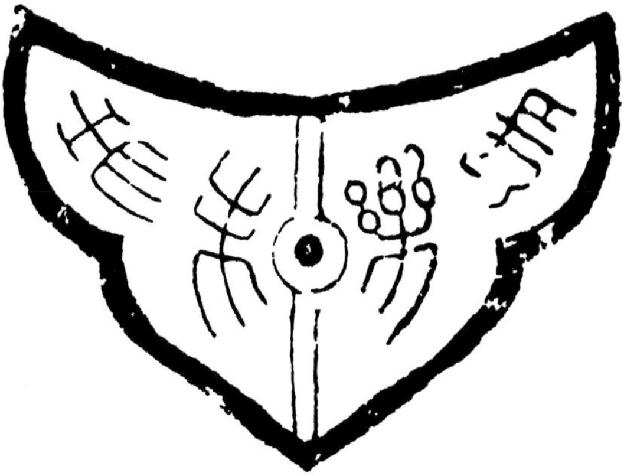

六九四　長樂未央

六九五　圖案紋